Ab heute hab' ich immer Zeit!

David Lewis

Ab heute hab' ich immer Zeit!

Jede Woche 10 Stunden gewinnen

Aus dem Englischen übersetzt
von Arwed Vogel

Urania

Danksagung

Danken möchte ich all denen, die mir ihre Erfahrungen mit dem Umgang mit der Zeit mitgeteilt haben. Es sind in alphabetischer Reihenfolge: Jeffrey Archer; Rosemary Conley, Rosemary Conley Diet and Fitness Clubs; Denys Henderson, ICI und Zeneca; Colin Marshall, British Airways; David Paistow, Inchcape; Bob Reed, British Railways Board; Stephen Rubin, Pentland Group; Geoff Shingles, Digital; Martin Taylor, Hanson Trust; Peter Walters, Midland Bank, Blue Circle und Smith Kline Beecham.

Auch danke ich Mandy Bruce für ihre Recherchen und Assistenz sowie Cynthia Hemming, geschäftsführende Direktorin der David Lewis Consultancy, für ihre – wie immer – nützlichen Vorschläge.

Die Deutsche Bibliothek - CIP-Einheitsaufnahme
Lewis, David: Ab heute hab' ich immer Zeit! : jede Woche 10 Stunden gewinnen / David Lewis. - Berlin : Urania-Verlag., 1997
ISBN 3-332-00602-9

ISBN 3-332-00602-9

Umschlaggestaltung: S/L Kommunikation
Zeichnungen: Jules Stauber
Lektorat: Dr. Marianne Jabs
Gestaltung und Satz: AS Satz & Grafik, Berlin
Druck: Magdeburger Druckerei GmbH
Printed in Germany
Gedruckt auf alterungsbeständigem Papier mit chlorfrei gebleichtem Zellstoff.

Inhalt

STAUBER

Vorwort:
Eine ganz kurze Geschichte der Zeit

Im mittelalterlichen Europa wurde die Zeit von der Kirche geordnet. Sie stellte Regeln auf, was an bestimmten Tagen getan werden sollte und was nicht. Auch wurde der Tagesablauf durch die Gebete gegliedert: So war die None die Gebetsstunde um drei Uhr nachmittags, die neunte Tagesstunde. Im Englischen wurde aus der »None« später das Wort »noon« für Mittag.

Obwohl die ersten mechanischen Uhren um 1300 entstanden, blieben sie lange Zeit nur ein Statussymbol. Auch Regierungsbeamte organisierten noch im 17. Jahrundert ihren Tag nach der Sonnenuhr oder den Kirchturmglocken.

Für eine bäuerliche Gesellschaft, in der das Leben von den Jahreszeiten bestimmt wurde, bestand keine große Notwendigkeit, die Zeit genau zu messen. Und man reiste in der ersten Hälfte des 18. Jahrhunderts auch nicht schneller als zur Zeit der Römer. Dies alles änderte sich in England erst, als 1784 das erste öffentliche Verkehrsunternehmen gegründet wurde, dessen Kutschen sich genau nach einem Fahrplan richteten.

Zeit ist eine kostbare Ressource.

Muße ist heute ein großer Luxus geworden. In allen fortschrittlichen Industrienationen ist Zeit eine immer kostbarer werdende Ressource, Zeitmangel ein ernsthaftes Problem. Wenn man den gehetzten Managern, Angestellten und Selbständigen zuhört, habe ich immer den Eindruck, daß sie nicht einmal mehr genügend Zeit haben, darüber nachzudenken, warum sie so wenig Zeit haben.

Aus dieser Überlegung heraus habe ich das Zehn-Minuten-Zeit- und Streßmanagement entwickelt. Es besteht aus vier Teilen:

1. *Praktische Handlungsanweisungen* zeigen Ihnen, wie Sie Ihre Zeit effektiver nutzen können.
2. *Grundlagen* legen Ihnen dar, warum Sie sich so verhalten sollten.
3. *Hintergrundinformationen und Beispiele* erweitern Ihr Wissen über wesentliche Grundsätze des Zeitmanagements und unseren Umgang mit der Zeit.
4. Übungen helfen Ihnen, dieses Programm effektiv zu nutzen.

Nur wenn Sie alle vier Punkte beachten, verstehen Sie, warum Sie Ihre Zeit heute noch vergeuden und wie Sie sie besser nutzen können.

Verschaffen Sie sich einen Überblick!

Um mit diesem Buch erfolgreich zu arbeiten, sollten Sie sich zuerst einen schnellen Überblick über die Kapitel verschaffen, bevor Sie die einzelnen Themen detailliert durcharbeiten; auf diese Weise bereiten Sie Ihr Gedächtnis auf die Ideen und Informationen vor, was die Verständnis- und Behaltensleistung wesentlich verbessert.

In unserer Gesellschaft ist die Fähigkeit, seine Zeit einzuteilen, von wesentlicher Bedeutung. Und diese Fähigkeit hängt davon ab:

- ob Sie Lebensziele haben und sie erreichen wollen
- ob Sie Ihre Fristen und Termine einhalten können
- ob Ihre Arbeit produktiv und erfüllend ist oder ob Sie sie als frustierend erleben

Denn Sie nützen Ihre Zeit nicht besser, indem Sie mehr, sondern indem Sie effizienter arbeiten. Dieses Buch vermittelt Ihnen das Wissen, damit Sie genau das tun können.

Einführung:
Krisensymptome von heute: Zeitmangel und Streß

Jetzt, hier, sehen Sie es: Sie brauchen Ihre ganze Kraft, um nicht zurückzufallen. Wenn Sie woanders hin wollen, müssen Sie doppelt so schnell laufen wie jetzt.
Lewis Carroll

Ich möchte Ihnen einen jungen Freund von mir vorstellen – Christian. Es könnte sein, daß Sie einiges mit ihm gemeinsam haben.
Christian geht jeden Tag eine Stunde früher ins Büro, um diese riesige Menge an Papier zu bewältigen, die sich auf seinem Schreibtisch türmt. Da es soviel ist, kann er sich aber kaum konzentrieren und schafft es gerade, den riesigen in kleinere Haufen umzuschichten, bis seine Mitarbeiter ins Büro kommen. Den restlichen Tag über kommt er kaum wei-

ter, weil er ständig unterbrochen wird – Untergebene fragen um Rat, Kollegen wollen ein Projekt diskutieren, endlose Telefongespräche, unangemeldete Besucher. Zwölf Stunden nachdem er seinen Arbeitstag begonnen hat, verläßt Christian erschöpft und demoralisiert das Büro, ohne seine Arbeit bewältigt zu haben.

Länger arbeiten heißt nicht mehr schaffen.

Das kommt Ihnen bekannt vor? Dann darf ich auch Sie in der Welt der Überarbeiteten begrüßen!

Der Wettlauf mit der Zeit

Sie befinden sich wie Christian in einem Wettlauf mit der Zeit, den Sie verlieren werden – ganz gleich, welchen Job oder welche Stellung Sie haben. Obwohl Sie immer mehr Stunden arbeiten, wird die Arbeit nicht weniger, im Gegenteil. Und die wachsende Belastung schafft immer mehr Streß. In Europa, den USA und Japan befinden sich die Gesellschaften in Zeit- und Streßkrisen, die wie nie zuvor das Wohlbefinden und die Leistungsfähigkeit aller bedrohen.

Haben Sie noch Zeit für sich selbst?

Die Fusionierung von großen Firmen, die »Freistellungen« von Arbeitnehmern, die Rezession führten dazu, daß diejenigen, die Arbeit haben, immer mehr arbeiten müssen. Für den einzelnen wird es immer schwieriger, einen Tag Urlaub zu nehmen oder nach Hause zu gehen, bevor am Abend das Putzpersonal kommt. Ganz gleich, wie sehr Sie sich nach einem ausgeglichenen Leben sehnen: Um beruflich weiterzukommen oder wenigstens den Arbeitsplatz zu behalten, müssen Sie Ihre persönlichen Bedürfnisse und Ihr Familienleben opfern. In den letzten zwanzig Jahren hat die Arbeitszeit nicht ab-, sondern zugenommen. In den Vereinigten Staaten beispielsweise um einen Monat pro Jahr. Neue Untersuchungen zeigen, daß Büroangestellte in Japan inzwischen auf einen zwölfstündigen Arbeitstag kommen.

Ein Angestellter von dreißig Jahren verfügt jeden Tag nur noch über dreißig Minuten Zeit für sich selber. Und trotz der langen Arbeitszeiten haben vier von zehn Angestellten des mittleren Managements immer noch mehr Arbeit zu tun, als sie bewältigen können.

Der Zeitdruck

Einige Manager nehmen die Herausforderung von langen Arbeitszeiten gern an, besonders wenn sie Entscheidungen treffen und ihren Arbeitsplan selber bestimmen können. Die meisten leiden aber unter diesem Druck. Ein leitender Angestellter beschrieb den Arbeitsplatz als Marathonrennen, bei dem es einer Minderheit gelingt, die Ziellinie zu erreichen, während die Mehrzahl der Teilnehmer erschöpft am Rande liegenbleibt. Die meisten Firmen meinen Effizienz, Loyalität und Ehrgeiz eines Mitarbeiters immer noch daran zu erkennen, wie lange er jeden Tag in der Firma sitzt.

Mehr als die Hälfte aller Angestellten steht unter Zeitdruck.

Die heimtückische Kombination von wachsender Arbeitszeit, größerer Arbeitsbelastung und Verlust an Sicherheit ließ den Arbeitsstreß anwachsen. Das Ergebnis: Streßbedingte Gesundheitsschäden steigen an wie noch nie: Magengeschwüre, Bluthochdruck, geschwächte Immunsysteme, Schlaganfälle, Schäden an Herzkranzgefäßen, Depressionen und Nervenzusammenbrüche. In Japan, wo Angestellte durchschnittlich 400 Stunden pro Jahr mehr als ihre europäischen Kollegen arbeiten, hat die Arbeitsethik, strenge Fimenloyalität und intensiver Wettbewerb zu einer Epidemie von *karoshi* geführt, dem »Tod durch Überarbeitung«. So viele Opfer hat diese kulturbedingte Krankheit gefordert, daß 40 % aller Büroangestellten fürchten, von ihren Jobs umgebracht zu werden.

Streßbedingte Gesundheitsschäden steigen an.

Der Zeitmangel

Vor fünfundzwanzig Jahren prophezeite der Autor Steffan Lindner in einem Buch, die wirtschaftliche Entwicklung werde einen derartigen Zeitmangel erzeugen, daß ruhige Beschäftigungen wie gemütliche Abendessen oder Spaziergänge auf dem Land durch Aktivitäten ersetzt würden, die mit mehr Geschwindigkeit verbunden sind. Heute hat sich mit Fastfood und Jogging seine Vorhersage erfüllt.

Fred Hirsch, ein weiterer Prophet der siebziger Jahre, beschrieb, daß der Hunger nach Zeit die Menschen entfremdet

Haben Sie noch Zeit für Freunde?

und vereinsamen läßt. »Freundschaften« warnte er, »kosten Zeit und laufen daher Gefahr, eingeschränkt zu werden, da sie außergewöhnlich viel von dieser seltenen Ressource verbrauchen.«

Bei all dem Druck, der in das Familienleben hineingetragen wird, überrascht es kaum, daß viele Ehen und Beziehungen aus den Fugen geraten. Auch ist es nicht verwunderlich, daß in Firmen, in denen starker Druck ausgeübt wird, die Produktivität gemeinsam mit der Motivation und Arbeitsmoral sinkt. Hinzu kommt, daß zermürbende Arbeitstage und Streß nicht nur gelegentlich auftreten, sondern permanente Begleiter des Arbeitslebens sind.

Dafür gibt es drei Gründe:

1. Weniger Personal bei steigender Nachfrage:

Ob man es »Rationalisierung« oder »Freisetzung« nennt, bleibt sich gleich. Weniger Arbeitskräfte müssen mit mehr Arbeit und dem größeren Druck fertigwerden, der sich daraus ergibt.

2. Weniger Personal bei gestiegener Produktion:

Um einerseits die Kosten zu senken und andererseits die Produktion zu steigern, werden immer mehr Arbeiten von Maschinen anstatt von Menschen ausgeführt. Um nur ein Beispiel zu nennen: Durch Computertechnologie, mit deren Hilfe man Stimmen aufzeichnet, können leitende Angestellte selbst ihre Briefe, Berichte und Aktennotizen in ihre PCs diktieren.

3. Intensiver weltweiter Wettbewerb bei zunehmendem Wandel:

Angesichts des gnadenlosen, internationalen Wettbewerbs kann es sich kein Unternehmen erlauben, auf Weiter-Entwicklung zu verzichten. Unternehmen müssen sich entweder beständig verändern oder werden vom ökonomischen Umfeld verändert. Doch damit nicht genug: Aus drei Gründen wächst auch die Geschwindigkeit des Wandels:

– Neues Wissen wächst exponentiell und wird sich bald alle 20 Monate verdoppeln:

Das bedeutet, daß beständig mehr Zeit benötigt wird, um Kenntnisse und Fertigkeiten auf den neuesten Stand zu bringen.
– Wissen veraltet viel schneller als früher:
Im Computerbereich können Experten mit der Hälfte ihrer Kenntnisse schon nach wenigen Jahren nichts mehr anfangen.
– Informationen werden schneller ausgetauscht:
Es ist noch gar nicht lange her, daß Manager mehr Zeit zum Nachdenken hatten, wenn sie vor schweren Entscheidungen standen. Ganz gleich, ob Kleinbetrieb oder Unternehmensgruppe – in fortschrittlichen Firmen lautet die wichtigste Frage inzwischen: Was haben wir in diesem Monat – oder sogar in dieser Woche – verändert? Der Wandel wird nicht um des Wandels willen durchgeführt, sondern weil sich andere Unternehmen ebenfalls verändern. Bei dem wachsenden Druck bleibt dem durchschnittlichen Manager nicht mehr viel Zeit. Die Entscheidungen, welche die Zukunft des ganzen Unternehmens betreffen, müssen in immer kürzeren Zeiträumen getroffen werden.
Und darin liegt die Gefahr. Untersuchungen haben gezeigt, daß der Streß bei der Entscheidungsfindung zwei verschiedene geistige und körperliche Zustände auslösen kann:
– Erregung; erhöhte Wachsamkeit hilft uns, die beste Entscheidung zu treffen.
– Überreizung bei außergewöhnlichem Streß führt zu krassen Fehlentscheidungen.

Wieviel Zeit verwenden Sie für Fortbildung?

Der entscheidende Faktor ist die Zeit, über die man bei der Entscheidungsfindung verfügt. Je weniger Zeit man hat, desto größer ist die Gefahr, daß Überreizung zu unververständlichen Entscheidungen führt.
Menschen, die sich beklagen, daß sie keine Zeit hätten, irren sich. Jeder Mensch hat die gleiche Menge an Zeit zur Verfügung: 168 Stunden in der Woche. Da Zeit nicht gestreckt, gelagert oder ergänzt werden kann, kann man nur lernen, behutsam mit ihr umzugehen. Von dieser Fähigkeit hängt nicht nur Ihr Erfolg, sondern auch ihre geistige und körperliche Gesundheit ab.

Wieviel Zeit haben Sie bei Entscheidungen zur Verfügung?

1 Selbst-Management: Der Schlüssel zum Zeitmanagement

Zeit ist nur ein Bach, in dem ich angeln gehe.
Henry David Thoreau

Erfolgreiches Zeitmanagement und Persönlichkeitsentfaltung sind eng verbunden.

Beginnen wir mit einem Bekenntnis: Es gibt kein Zeitmanagement! Ich möchte trotzdem den verbreiteten Begriff »Zeitmanagement« beibehalten, obwohl wir in Wirklichkeit versuchen, uns selbst und unser gesellschaftliches Umfeld zu managen.
Da Persönlichkeit und Zeitmanagement eng verbunden sind, können Sie nur erfolgreich sein, wenn Sie Ihre Vorurteile und Vorbehalte überwinden.

Was halten Sie von Zeitmanagement?

Teilen Sie sich Ihre Zeit richtig ein? Geben Sie jeder Aussage einen Punkt, von der Sie glauben, daß sie richtig ist.

1. Ich bin von Natur aus unorganisiert.
2. Die einzige Möglichkeit, mehr zu schaffen, besteht darin, mehr zu arbeiten.
3. Ich kann den ganzen Tag lang gleich gut arbeiten.
4. Wenn man seine Zeit plant, verliert man alle Spontaneität.
5. Ich brauche den Termindruck, um viel arbeiten zu können.
6. Ich muß die Übersicht behalten, wie ich meine Zeit verbringe.
7. Wenn man etwas gut machen will, muß man es selbst machen.
8. Delegieren spart immer viel Zeit.
9. Ich habe nicht genug Zeit, um auch noch mein Leben neu zu gestalten.
10. Fehlende Pünktlichkeit ist ein Zeichen für Ineffektivität und Unhöflichkeit.

Bewertung

0: Sie haben eine positive Einstellung und werden keine Schwierigkeiten haben, mit diesem Buch zu arbeiten.

1-3: Obwohl Sie sich dem Zeitmanagement konstruktiv nähern, sollten Sie sorgfältig meine Anmerkungen zu den Aussagen lesen, die Sie für richtig halten.

4-6: Die Fähigkeit, Ihre Zeit sinnvoll und wirksam zu gestalten, wird von Vorurteilen behindert. Lesen Sie meine Anmerkungen zu den Aussagen, die Sie für richtig halten.

7-10: Eine sehr hohe Punktzahl zeigt, daß Sie aufgrund falscher Vorstellungen Ihre Zeit kaum richtig einteilen können. Zum jetzigen Zeitpunkt ist es sehr zweifelhaft, ob es Ihnen gelingen wird, Ihr Leben leichter zu gestalten. Doch die Arbeit mit diesem Buch wird Ihnen helfen, eine positive Einstellung zum Zeitmanagement zu gewinnen.

Anmerkungen zu den Aussagen

Aussage 1: Ich bin von Natur aus unorganisiert.
Anmerkung: Wenn Sie nicht von klein auf gelernt haben, ihr Leben zu gestalten, glauben Sie vielleicht, »von Natur aus« unorganisiert zu sein. Menschen jeden Alters können jedoch lernen, ihr Leben und ihre Zeit zu gestalten. Alles, was man dazu braucht, ist die Bereitschaft, sich zu verändern.

Aussage 2: Die einzige Möglichkeit mehr zu schaffen, besteht darin, mehr zu arbeiten.
Anmerkung: Viel arbeiten heißt nicht viel schaffen. Viele Menschen verwechseln »Geschäftigkeit« mit »Geschäft«. Versuchen Sie, möglichst viel Geschäftigkeit aus Ihrem Leben zu verbannen und möglichst effektiv zu arbeiten.

Wenn Sie viel arbeiten, bedeutet das nicht unbedingt, daß Sie Ihre Ziele schneller erreichen.

Aussage 3: Ich kann den ganzen Tag lang gleich gut arbeiten.
Anmerkung: Es gibt immer Hoch- und Tiefpunkte im Tagesablauf. Das hängt von der inneren Uhr ab. Sie können Ihre Zeit besser nutzen, wenn Sie darauf Rücksicht nehmen und die wichtigsten Aufgaben zu der Tageszeit erledigen, zu der Sie sich am besten fühlen. Mehr dazu in Kapitel 4 auf S. 41 ff.

Aussage 4: Wenn man seine Zeit plant, verliert man alle Spontaneität.

Mit klaren Zielen vor Augen können Sie Ihre Zeit spontaner einteilen.

Anmerkung: Wenn Sie sich klare Ziele stecken und Prioritäten setzen, werden Sie kaum in langweilige Routine verfallen. Tatsächlich haben Sie durch gutes Zeitmanagement mehr Möglichkeiten, impulsiv zu handeln. Wenn es Ihnen gelingt, die wichtigsten Aufgaben schnell zu erledigen, können Sie an einem heißen Sommertag auch spontan früher nach Hause gehen.

Aussage 5: Ich brauche den Termindruck, um viel arbeiten zu können.

Anmerkung: Manche Menschen lassen wichtige Aufgaben bis zum Schluß liegen, weil sie den Adrenalinstoß brauchen, um sie zu erledigen. Wenn Sie aber alles in der letzten Minute erledigen, haben Sie keinen Freiraum mehr. Eine geringe Menge von Adrenalin wirkt zwar motivierend, zuviel bedroht jedoch die Gesundheit.

Aussage 6: Ich muß die Übersicht behalten, wie ich meine Zeit verbringe.

Anmerkung: Natürlich wäre es wünschenswert, seinen Zeitverbrauch genau zu kontrollieren. Dennoch sollten Sie sich darüber bewußt sein, daß Ihnen das nicht vollständig gelingen wird: Zu viele Zeit-Räuber lauern auf Sie, die Sie nicht ganz vertreiben können (Kapitel 5 – 10 auf S. 45–99).

Aussage 7: Wenn man etwas gut machen will, muß man es selbst machen.

Machen Sie nicht alles selbst!

Anmerkung: Wenn Sie glauben, alles selbst machen zu müssen, werden Sie kaum etwas gut machen.

Aussage 8: Delegieren spart immer viel Zeit.

Anmerkung: Das ist genauso falsch. Delegieren spart nur Zeit, wenn Sie wissen was, wann, wie und an wen Sie die Aufgabe übertragen können (siehe Kapitel 3 auf S. 26 ff.). Wenn Sie meinen, daß Delegieren nur eine andere Bezeichnung für Schuttabladen ist, dann verschwenden Sie nicht nur die eigene Zeit, sondern auch die Zeit des Unglücksraben, auf dessen Schreibtisch die Aufgabe landet und der sie nicht angemessen erledigen kann.

Aussage 9: Ich habe nicht genug Zeit, um auch noch mein Leben neu zu gestalten.

Anmerkung: Das erinnert mich an den Holzfäller, der vor

dem Wintereinbruch noch zahllose Bäume fällen muß und deswegen keine Zeit hat, die Axt zu schärfen. Das 10-Minuten Zeitmanagement hilft Ihnen, Ihre Axt zu schärfen, ohne dabei soviel Zeit zu verlieren, daß Sie eingeschneit werden.

Aussage 10: Fehlende Pünktlichkeit ist ein Zeichen für Ineffektivität und Unhöflichkeit.

Anmerkung: In einigen Ländern kommt es besonders auf Pünktlichkeit an. Aber das ist nicht überall so. Daran müssen vor allem diejenigen denken, die im internationalen Handel tätig sind. Im Mittleren Osten, Lateinamerika oder China beginnt eine Besprechung, die für 10 Uhr angesetzt ist, selten vor 11 Uhr.

Nehmen Sie sich Zeit, Ihre Zeit einzuteilen.

Das ist noch lange kein Zeichen für Ineffektivität oder Unhöflichkeit. In diesen Kulturen wird die Zeit auf eine andere Weise gesehen. Jemand mit wenig Erfahrung macht leicht Fehler und läßt sich zu Vorurteilen verleiten.

In welchen Zeitzonen leben Sie?

Ihre Lebensweise beeinflußt Ihre Zeitgestaltung.

Wie Sie Ihre Zeit gestalten, wird nicht nur von Vorurteilen, sondern auch von Ihrer Lebensweise beeinflußt. Untersuchungen von Dr. Zimbardo der Stanford University haben gezeigt, daß man in einer (oder zwei) von vier verschiedenen Zeitzonen leben kann. Der folgende Test sagt Ihnen, welche Sie bevorzugen. Möglicherweise entdecken Sie, daß in unterschiedlichen Lebensbereichen auch unterschiedliche Zeitzonen für Sie gültig sind. Zum Beispiel könnten Sie Zone 4 bei der Arbeit, dagegen Zone 1 zu Hause oder in den Ferien vorziehen. In so einem Fall lesen Sie einfach beide Anmerkungen.

Zone 1: Ich bevorzuge ein ruhiges Leben ohne Zeitdruck. Ich lasse mich nicht hetzen. Macht es denn wirklich soviel aus, wenn etwas nicht ganz pünktlich erledigt wird? Ich selbst komme auch nicht immer auf die Minute rechtzeitig und bin nicht besonders gut organisiert.

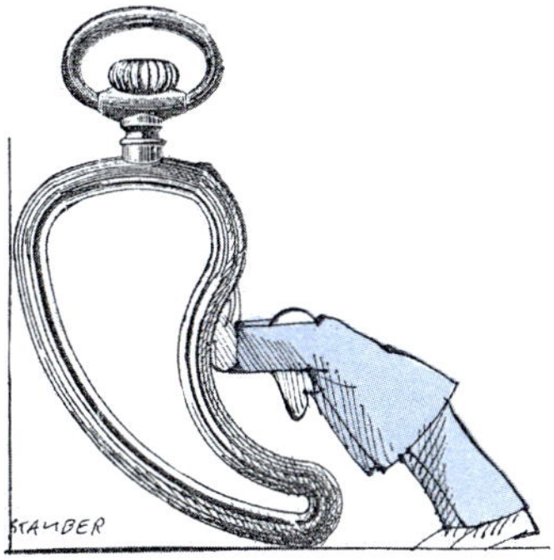

Zone 2: Das größte Vergnügen ist für mich, mit meinen Freunden unterwegs zu sein, essen zu gehen oder auf Parties eingeladen zu sein. Ich bin oft impulsiv und mache etwas, ohne alle Konsequenzen zu durchdenken.

Zone 3: Ich bevorzuge ein gut organisiertes Leben. Mir ist Routine lieber als Abwechslung. Ich versuche, alle Konsequenzen meines Handelns vorher zu bedenken.
Zone 4: Ich genieße es, unter Termindruck zu arbeiten und bin stolz auf meine Pünktlichkeit. Ich komme zu Verabredungen pünktlich, aber immer in der letzten Minute.

Was Ihre Wahl aussagt:

Zone 1: Sie gehen die Dinge entspannt und ruhig an und ziehen es vor, Entscheidungen aufzuschieben. Möglicherweise haben Sie Schwierigkeiten, sich zu entschließen, eine Arbeit anzufangen, wollen aber dann nicht aufhören, selbst wenn es sinnvoll wäre. Beachten Sie meine Anmerkungen im vierten Kapitel über positive und negative Verzögerungen.

Planung, die keine Freiräume läßt, kann genauso negative Konsequenzen nach sich ziehen wie die Durchführung eines Projekt ohne Planung.

Zone 2: Sie sind motiviert, weil Sie Freude am schnellen Erfolg haben. Sie haben wahrscheinlich das Problem, daß Sie ungern planen und organisieren. Achten Sie darauf, daß Sie dringende unangenehme Aufgaben nicht hinter angenehme, weniger wichtige Aufgaben stellen.
Zone 3: Sie sind zukunftsorientiert und planen langfristig Ihre persönliche und berufliche Zukunft. Dennoch können Sie Ihre Planung noch weiter verfeinern und bessere Ergebnisse erzielen.
Zone 4: Wenn Sie diese Zone gewählt haben, leben Sie sehr zeitbewußt. Es fällt Ihnen wahrscheinlich schwer, mit Menschen zu arbeiten, die weniger pünktlich sind. Ihr Problem ist, daß Sie Terminen zu große Bedeutung beimessen.

Drei Schritte zum erfolgreichen Zeitmanagement

Sie brauchen Ziele, die Sie erreichen können.

Damit Sie besser planen und Ihre Zeit effizient nützen können, sollten Sie drei wesentliche Dinge wissen:
– was Sie im privaten und beruflichen Leben erreichen möchten,
– wie Sie momentan Ihre Zeit verbringen,
– auf welche Weise Sie Ihre Zeit so nützen können, daß Sie Ihre Ziele erreichen.

2 Auf der Suche nach der verlorenen Zeit

Verlorene Zeit wird nicht wiedergefunden.
Benjamin Franklin

Wie haben Sie letzte Woche Ihre Zeit verbracht? Welche Ziele habe Sie erreicht? Wie oft wurden Sie unterbrochen? Wieviel Zeit ist vergangen, bis Sie sich wieder auf Ihre Aufgabe konzentrieren konnten?

Warum die Erinnerung unzuverlässig ist

Unser Zeitgefühl ist subjektiv. Wir beschönigen unsere Selbsteinschätzung.

Wenn Sie nicht gerade ein außergewöhnlicher Mensch sind, haben Sie wahrscheinlich nur vage Vorstellungen davon, wie Sie Ihre Zeit verbrauchen. Aus zwei Gründen treten immer wieder Erinnerungslücken auf, wenn Sie zurückdenken:
– Unser Zeitgefühl ist sehr subjektiv. Eine Rede, die nur zehn Minuten dauert, kann einem als Ewigkeit vorkommen.
– Wir beschönigen unsere Selbsteinschätzung, weil wir Konzentrationsschwächen und Zerstreuungen vergessen.

Wir vergessen gern, daß wir unangenehme Aufgaben aufschieben und uns weniger dringenden Dingen widmen. Man verschätzt sich auch in der Zeit, die man benötigt.

Zeitprotokolle schließen die Erinnerungslücken.

Aus diesen Gründen beginnen wir das Zeitmanagement damit, uns mit Hilfe einer genauen, schriftlichen Aufzeichnung auf die Suche nach der verlorenen Zeit zu machen. Dazu können Sie die Tabelle auf Seite 20 benutzen. Weitere Leerformulare finden Sie auf S. 123.

Priorität	Tageszeit	Aufgabe	Zeitdauer	Wie Zeit gespart werden kann

Auf der Suche nach der verlorenen Zeit

Sie brauchen in Ihrem Protokoll nicht jede Einzelheit aufzuschreiben; notieren Sie sich aber alles, was Ihre Aufmerksamkeit gestört, die Konzentration beeinträchtigt hat.
Manche Menschen glauben, daß sich ein Arbeitstag nicht vom anderen unterscheidet und es nicht nötig ist, das Zeitprotokoll fünf Tage lang zu führen. Andere nehmen an, daß sich jeder Arbeitstag so sehr vom anderen unterscheidet, daß auch mehrere Zeitprotokolle kein genaues Bild von ihrem Zeitverbrauch abgeben. Weder das eine noch das andere gründet auf praktischer Erfahrung.
Sechs Regeln sollten Sie beachten:

1. Schreiben Sie alles auf, was Ihre Aufmerksamkeit beeinträchtigt.

Protokollieren Sie jede Störung!

Zum Beispiel: Telephonanrufe, unangemeldete Besucher, Wechsel zu einer weniger wichtigen Aufgabe, die mehr Spaß macht als die Arbeit, mit der man beschäftigt ist.

2. Schreiben Sie es sofort auf, wenn es passiert!

Schreiben Sie die Störung sofort auf!

Manche Menschen glauben fälschlicherweise, daß sie sich an alles auch noch am Abend erinnern können.

3. Füllen Sie am ersten Tag die Spalten *Zeit, Aktivität* und *Dauer* aus.

Was es mit der Spalte *Priorität* auf sich hat, erkläre ich in Kapitel 12 auf S. 117 ff. Die restlichen Spalten füllen Sie aus, nachdem Sie Kapitel 13 auf S. 125 ff. gelesen haben.

4. Halten Sie Ihre Aufzeichnungen kurz, indem Sie Abkürzungen benutzen.
– T = Telefonanrufe. Ein Pfeil zum T bedeutet, daß Sie angerufen worden sind, ein Pfeil vom T: Sie haben angerufen.
– L = Lesen von Berichten, Aktennotizen und dergl.
– S = Schreiben von Berichten, Aktennotizen und dergl.
– D = Diktieren
– B = Besucher. Mit einem Häkchen markieren Sie angemeldete, mit einem X unangemeldete Besucher
Sie können sich auch andere Abkürzungen ausdenken, sollten aber auf das Blatt schreiben, was sie bedeuten.

5. Beginnen Sie mit dem Zeitprotokoll gleich am Morgen, und führen Sie es bis zum Ende des Arbeitstages fort. Wenn Sie Arbeit mit nach Hause nehmen, führen Sie es dort weiter.

6. Nehmen Sie das Buch immer mit, wenn Sie die Vordrucke auf S. 123 benutzen. Oder kopieren Sie sich die Blätter. Wenn Sie am Computer arbeiten, können Sie natürlich auch Ihr gewohntes Spreadsheet verwenden.
Wie Sie Ihre Zeitsuche durchführen können, sehen Sie an einem Beispiel auf Seite 22.

Die Ausreden der Zeitsucher

Obwohl die Suche nach der verlorenen Zeit für das Zeitmanagement ganz wesentlich ist, gelingt sie nicht allen. In meinen Workshops brachten die Teilnehmer eine ganze Reihe von Ausreden mit, die entschuldigen sollten, daß sie Zeitprotokolle gar nicht angefangen oder nicht weitergeführt hatten.
– »Ich hatte zuviel zu tun ...«
Es kostet nicht mehr als fünf Minuten täglich, das Zeitprotokoll zu führen. Wenn Sie mehr Zeit benötigen, notieren Sie zu viele Einzelheiten.

Den Zeitverbrauch zu protokollieren ist keine Zeitverschwendung, sondern zahlt sich sehr schnell aus.

– »Das ist doch Zeitverschwendung ...«
Das stimmt nicht, denn diese fünf Minuten sind eine gute Investition, die sich sehr schnell auszahlt. Viele Angestellte

haben mir berichtet, daß sie nach fünf Tagen ihre Produktivität verdoppelt haben.

– »Ich habe einen Tag ausgelassen und dann aufgehört ...«

Beginnen Sie noch einmal. Und vergessen Sie nicht, daß Disziplin entscheidend zum Erfolg beiträgt...

– »Ich hatte ein schlechtes Gewissen, als mir klar wurde, wieviel Zeit ich für unwichtige Dinge verschwende ...«

Sie müssen genau herausfinden, warum Sie Termine nicht einhalten können. Später werde ich Ihnen erklären, wie Sie sich vor unwichtigen Aufgaben durch Delegieren schützen können. Sie erfahren dann auch, wie Sie leichter an schwierige Aufgaben herangehen können.

Finden Sie heraus, warum Sie manche Termine und Fristen nicht einhalten können.

Führen Sie ab morgen Ihr Zeitprotokoll drei, besser noch fünf Arbeitstage lang.

Denken Sie daran, jede Beeinträchtigung Ihrer Aufmerksamkeit zu notieren – und sei es ein Telefongespräch, das nur zehn Sekunden gedauert hat.

So kann ein Zeitprotokoll aussehen:

8.55	Ankunft - Kaffee	5 min
9.00	Fax an R	5 min
9.05	Post von T.	5 min
9.10	S Bericht-Kollo	5 min
9.15	Bx von D.	2 min
9.17	S Bericht-Kollo	30 min
9.47	Toilette	2 min
9.49	Bx bei S.	1 min
9.50	S Bericht-Kollo	36 min
10.26	Kaffee	4 min
10.30	S Bericht-Kollo	9 min
10.39	Bx von S.	0 min
10.39	S Bericht-Kollo	20 min
10.59	L Fax von R	3 min
11.02	S Antwort an R	12 min
11.13	Kaffee/Unterlagen	4 min
11.17	Bv von G.	27 min
11.44	Kaffee	2 min
11.46	S Bericht-Kollo	12 min
11.58	Bx von S.	3 min.
12.01	Mittag mit S.	26 min.

3 Die vier großen W des Zeitmanagements

Wenn ich neun Stunden hätte,
um einen Baum zu fällen, würde ich sechs Stunden
mit dem Schärfen der Axt verbringen.
Abraham Lincoln

Stellen Sie sich vor jeder Aufgabe zuerst drei Fragen.

Wenn Sie vor einer Aufgabe stehen, die sehr viel Zeit kosten wird, sollten Sie einen Moment innehalten und sich drei Fragen stellen, die eine ganze Menge Zeit sparen können.

1. Muß sie *überhaupt* erledigt werden?
Überlegen Sie zuerst, was passieren würde, wenn die Aufgabe unerledigt bliebe.

2. Muß *ich* das tun?
Vielleicht handelt es sich um eine Aufgabe, die Sie delegieren können? Wenn Sie es jedoch sind, der diese Aufgabe erledigen muß, dann stellen Sie sich Frage 3:

3. Muß es *sofort* sein?
Manchmal können Sie Zeit sparen, indem Sie Aufgaben vorerst unerledigt lassen. Wie das geht, lesen sie weiter unten.
Wenn alle drei Antworten »Ja« lauten, bleibt Ihnen nichts zu tun, als die Sache hinter sich zu bringen.
Weglassen? Weggeben? Wegschieben? Wegarbeiten? Das sind die vier W-Fragen, mit denen Sie innerhalb von wenigen Augenblicken eine Entscheidung treffen können, wie Sie mit einer Aufgabe umgehen sollen.

Weglassen

Es ist nicht unwahrscheinlich, daß acht von zehn Aufgaben, mit denen Sie beschäftigt sind, nur Zeit rauben.

Untersuchungen haben gezeigt, daß eine ganze Reihe von Aufgaben, die viel Zeit kosten, mehr aus Gewohnheit erledigt werden und weniger, weil sie wichtig für das Unternehmen sind oder etwas bringen. Nur ein Fünftel dessen, was an Aktennotizen, Berichten, Briefen und anderen Papieren geschrieben wird, trägt zum Erfolg einer Firma bei.

Die bekannte 80:20-Regel, welche der italienische Wirtschaftswissenschaftler Vilfredo Pareto aufgestellt hat, ist auch beim Zeitmanagement richtig. Pareto hat festgestellt, daß ein Manager 80 Prozent seiner Zeit mit Aufgaben verbringt, mit denen er nur 20 Prozent seiner Leistung erzielt, während die restlichen 80 Prozent durch 20 Prozent seiner Arbeitszeit erbracht werden. In den Kapiteln 5 bis 10 (S. 45 – 99) zeige ich Ihnen, wie man mit diesen Zeiträubern am besten fertig wird.

In der Tabelle unten habe ich Erfahrungswerte von Workshop-Teilnehmern zusammengefaßt, wieviel Zeit sich sparen läßt, wenn man unnötige Aufgaben wegläßt:

Damit will ich nicht sagen, daß jede dieser Tätigkeit

Weggelassene Tätigkeit	Gesparte Zeit pro Woche
Werbebriefe lesen	30 Minuten
Zeitungen und Zeitschriften lesen, die nichts mit der Arbeit zu tun haben	120 Minuten
Unnötig lange Telefongespräche	180 Minuten
Unangemeldete Besucher	240 Minuten
Besprechungen	360 Minuten

grundsätzlich unnötig ist. Manchmal ist es für einen erfolgreichen Abschluß wichtig, mit einem Geschäftsfreund noch einige private Worte zu wechseln. Und manchmal sind Besprechungen eben unumgänglich. Aber man sollte sich darüber bewußt sein, was man mit welcher Aktivität erreichen kann.

Was kann man weglassen?

Lassen Sie alle unnötigen Aufgaben unerledigt!

Wenn Sie wissen wollen, welche Aufgaben Sie getrost streichen können, müssen Sie sich klare Ziele setzen. Wie das geht, erfahren Sie in Kapitel 11 auf S. 100.

Wenn Ihnen die Entscheidung überlassen bleibt, ob Sie die Aufgabe übernehmen wollen, fragen Sie sich:

– Komme ich mit dieser Aufgabe einem meiner Ziele näher?

Wenn die Antwort »Ja« ist, stellen Sie sich eine zweite Frage:

– Bin ich die richtige Person, um sie zu erledigen?

Wenn die Antwort ganz klar »Nein« ist, dann sollten Sie die Arbeit an dieser Aufgabe sofort beenden! Unglücklicherweise gibt es sehr viele Gelegenheiten, bei denen unangenehme Aufgaben von Vorgesetzten auf Sie abgewälzt werden. Versuchen Sie dann, die Arbeit weiter zu delegieren oder aufzuschieben. Falls Sie gezwungen werden, sie selbst zu erledigen, können Sie Zeit sparen, indem Sie die Aufgabe so effizient und schnell wie möglich wegarbeiten.

Setzen Sie Entschlüsse sofort und vollständig in die Tat um!

Wenn Sie sich entschlossen haben, die Aufgabe nicht zu erledigen, dann führen Sie diesen Entschluß nicht nur sofort, sondern auch vollständig durch.

Aber eine Aufgabe wegzulassen ist nicht die einzige Möglichkeit, Zeit und Kosten zu sparen. Eine Alternative bietet das Delegieren.

Weggeben

Vielen Managern und leitenden Angestellten mangelt es an der Fähigkeit oder am Willen zu delegieren. Untersuchungen haben gezeigt, daß 97 Prozent des Arbeitstages eines Managers aus allen möglichen Tätigkeiten besteht, aber nur 3 Prozent darin, das zu tun, wofür er angestellt wurde.

Delegieren, das Weggeben von Arbeit, bedeutet nichts anderes, als: durch richtige Arbeitsorganisation nur noch das zu tun, was man am besten kann. Alle erfolgreichen Manager haben erkannt, daß konsequentes Delegieren für eine effiziente Zeitgestaltung unerläßlich ist.

Psychologische Schranken

Warum sind aber dann so viele Menschen unwillig, selbst die einfachsten Routineaufgaben zu delegieren? Drei Gründe lassen sich festmachen:

– Die Angst, die eigene Autorität in Frage zu stellen.

Psychologische Schranken verhindern oft erfolgreiches Delegieren.

Einige Manager haben Angst, daß sie durch Delegieren ihre Position im Unternehmen schwächen. In Wahrheit werden durch das Übertragen verantwortungsvoller Aufgaben Mitarbeiter motiviert, effizienter und produktiver zu arbeiten. Der Manager genießt dadurch eine größere Autorität.

– Die Angst, daß Fehler gemacht werden.

Diese Angst stammt aus dem mangelnden Vertrauen in sich selbst oder die Mitarbeiter. Fehler werden aber immer gemacht. Das Risiko läßt sich verringern, indem Aufgaben nur geeigneten Mitarbeitern übertragen werden und der Arbeitsfortschritt beobachtet wird (siehe S. 28 – 33).

– Die Angst, nicht aufzusteigen.

Ein guter Manager bildet Nachfolger aus, die in der Lage sind, seine Aufgaben zu übernehmen, wenn er in der Hierarchie aufsteigt.

Einige Manager versuchen, sich an Schlüsselpositionen zu klammern, um in ihrer Firma möglichst wichtig zu erscheinen. Wenn jedoch ein Manager keine Nachfolger heranzieht, verringern sich seine Chancen aufzusteigen ebenfalls, weil es niemanden gibt, der seine Verantwortung übernimmt.

Falsches Delegieren

Keine dieser Ängste ist berechtigt, solange richtig delegiert wird. Wenn das nicht gelingt, wird das Delegieren von Arbeit jedoch zu einem Bumerang. Sie verlieren mehr Zeit, als Sie gewinnen können, wenn:
– ein Mitarbeiter die delegierte Aufgabe nicht versteht oder/und unfähig ist, sie auszuführen,
– Anweisungen mehrfach wiederholt werden müssen, bis die Aufgabe vollständig erledigt werden kann,
– soviel Zeit verloren geht, daß der Termin nicht eingehalten werden kann,
– die Arbeit nicht richtig ausgeführt wird, so daß sie noch einmal gemacht werden muß,
– dem Mitarbeiter die Motivation fehlt, die Arbeit gut auszuführen.

Delegieren Sie geeignete Aufgaben nur an geeignete Mitarbeiter.

Sechs Aufgaben, die Sie niemals delegieren dürfen

Es gibt nur sechs Aufgaben, die Sie als Führungskraft, immer selber erledigen sollten:
– Wichtige Projekte planen
– Das Team für das Projekt zusammenstellen
– Die Fortschritte des Teams beobachten
– Die Mitglieder des Teams motivieren
– Die Mitglieder des Teams beurteilen
– Die Mitglieder des Teams belohnen
Alles andere können Sie delegieren!

Wann ist was zu delegieren?
Sie müssen vier Dinge beachten. Versuchen Sie zu delegieren:

1. Wenn eine Aufgabe zufriedenstellend von jemandem erledigt werden kann, der weniger verdient als Sie selbst – oder der weniger verdient, als Sie verdienen möchten!
Dazu gehören Aufgaben wie: Telefongespräche entgegennehmen, eine Glühbirne für den Overhead-Projektor besorgen, einen Computer anschließen, Briefe zur Post bringen.

Delegieren Sie Aufgaben, für die Sie nicht ausgebildet sind.

2. Wenn Ihnen selber die notwendige Fähigkeit, Wissen oder Erfahrung fehlt, um die Aufgabe effizient zu erledigen.
Lehnen Sie solche Arbeiten ab. Sie vergeuden nicht nur Ihre Zeit, sondern liefern wahrscheinlich ein unzureichendes Ergebnis ab.

3. Wenn es sich um Routineaufgaben handelt.
Durch solche Aufgaben vergeuden Sie Ihre Zeit zwar nur in geringem Maß – auf den Arbeitstag oder die -woche gerechnet entsteht jedoch ein spürbarer Verlust. Manche Aufgaben werden inzwischen von Maschinen erledigt, z. B. durch ein Telefon mit Nummernspeicher.

Delegieren Sie, um zu motivieren.

4. Wenn eine Aufgabe geeignet ist, Mitarbeiter zu fördern.
Delegieren Sie Aufgaben, wenn sie für Mitarbeiter zu Herausforderungen werden. Dadurch ermöglichen Sie ihnen, sich weiterzubilden, neue Erfahrungen zu erwerben. So sparen Sie nicht nur Zeit, sondern verfügen beim nächsten Projekt über Mitarbeiter, die Ihnen mehr Arbeit abnehmen können.

Wie man richtig delegiert

Wenn auch Sie bisher nach dem Grundsatz »Wenn man etwas gut machen will, muß man es selbst machen« gelebt haben, kann es gut sein, daß Sie Zeit durch falsches Delegieren vergeudet haben.
Wenn Sie erfolgreich Arbeiten an andere Mitarbeiter übertragen möchten, brauchen Sie sich nur an zwei Grundsätze zu halten:

1. Geben Sie die richtige Arbeit an den Richtigen!
Zuerst müssen Sie prüfen, ob der Mitarbeiter »reif« genug ist, um die Aufgabe zu erledigen. Reife im Zusammenhang mit Delegieren hat nichts mit Alter oder Weisheit zu tun, sondern mit zwei persönlichen Qualitäten:
– Fähigkeit: Das Wissen und die Erfahrung, die dem Mitarbeiter für die Aufgabe zur Verfügung stehen.

– Motivation: Der Wille, die Aufgabe so gut wie möglich zu erledigen und alle Fähigkeiten einzubringen.

Kein Mensch ist entweder grundsätzlich geeignet oder ungeeignet. Ein Mitarbeiter kann die eine Aufgabe sehr gut bewältigen, eine andere aber nicht. Motivation kann auch durch zuviel Streß, Frustrationen und Unzufriedenheit verlorengehen.

Es lassen sich drei Reifegrade bei Mitarbeitern unterscheiden:

– Niedriger Reifegrad: Geringe Fähigkeit und geringe Motivation
– Mittlerer Reifegrad: Geringe Fähigkeit und hohe Motivation oder hohe Fähigkeit und geringe Motivation
– Hoher Reifegrad: Hohe Fähigkeit und hohe Motivation

Der Reifegrad eines Mitarbeiters ist ein entscheidender Faktor für erfolgreiches Delegieren. Deshalb sollte Sie sich zuerst fragen: »Wie reif ist dieser Mensch für die Aufgabe, die er übernehmen soll?«

Erfolgreiches Delegieren beruht auf klaren und prägnanten Anweisungen, wie, wann und wo die Aufgabe ausgeführt werden soll. Wenn einem Mitarbeiter sowohl Fähigkeit als auch Motivation fehlen, müssen Sie ihn durch gezielte Anweisungen unterstützen. Wenn Sie zu freundlich sind, riskieren Sie, daß die Arbeitsanweisungen als unwichtig eingestuft werden. Wenn Sie einmal den Ruf haben, nicht genügend Autorität zu besitzen, erlangen Sie nur sehr schwer den Respekt wieder, der für erfolgreiches, zeitsparendes Delegieren nötig ist.

Manager, die keine klare Linie haben, sondern ihren Mitarbeitern manchmal freie Hand lassen, dann aber wieder hart durchgreifen, schaffen ein sehr schlechtes Klima, das von niedriger Arbeitsmoral geprägt ist. Wenn Sie delegieren, müssen Ihre Mitarbeiter Ihr Verhalten einschätzen können und wissen, woran sie sind. Das gilt besonders für jene, die nicht sehr motiviert sind oder nur geringe Fähigkeiten haben. Das heißt nicht, daß Sie sich um nichts kümmern oder ihnen nicht helfen sollen. Stellen Sie aber klar, daß es Ihre Aufgabe

Schätzen Sie die Fähigkeiten und Motivation des Mitarbeiters, an den Sie delegieren wollen, richtig ein, ohne sich von persönlichen Gefühlen leiten zu lassen.

ist, Anweisungen zu geben, und daß Sie erwarten, daß die Anweisungen ausgeführt werden. Wenn ein Mitarbeiter für seine Aufgabe den entsprechenden Reifegrad erreicht hat, können Sie ihn durch ein persönliches Gespräch unterstützen. Sie sollten ihm jetzt auch die Aufgabe eher *verkaufen* als ihm *befehlen*.

Behandeln Sie Ihre Mitarbeiter mit Respekt.

Vorgesetzte begehen manchmal den Fehler, daß sie nur Befehle erteilen, so daß der Mitarbeiter sich bevormundet fühlt. Falsch ist es auch, ihm zu sehr zu helfen, da er dann kaum Gelegenheit hätte, seine Fähigkeiten anzuwenden.
Fähige und hochmotivierte Mitarbeiter müssen mit spürbar mehr Vertrauen behandelt werden als solche mit geringer Motivation. Die Aufgabe des Vorgesetzten besteht dann nur noch darin, die Aufgabe darzustellen, Zugang zu wichtigen Daten zu ermöglichen – und zu loben. Wenn alles gut läuft, würde jede Einmischung zu Motivationsverlusten führen.
Halten Sie sich an die folgende Grundregel: Wenn der Reifegrad eines Mitarbeiters für eine Aufgabe steigt, führen Sie weniger Gespräche über die Aufgabe, sondern sprechen mit ihm mehr über persönliche Dinge.

2. Geben Sie klare Anweisungen!

Klare Anweisungen vermeiden Fehler!

Es wurde berechnet, daß sogar Techniker drei Viertel ihrer Arbeitszeit mit Kommunikation verbringen. Schlechte Verständigung vergeudet Zeit und erhöht das Risiko. Sie erzeugt in einem Team Unmut, Verwirrung und Ziellosigkeit.
Wenn Sie beim Delegieren die Aufgabe erklären, müssen Sie die folgenden Punkte beachten:

– Zielfestlegung:

Machen Sie sich klar, was Sie erwarten, wenn Sie eine Aufgabe delegieren.

Machen Sie sich vorher klar, wie die Aufgabe aussieht, die delegiert werden soll. Was ist der Zweck der delegierten Aufgabe? Was will ich erreichen, wenn ich sie delegiere?
In einigen Fällen erhoffen Sie sich vielleicht mehrere Dinge:
- die eigene Arbeitslast zu verringern,
- einen talentierten Mitarbeiter zu fördern,
- einen Mitarbeiter Erfahrungen sammeln zu lassen.

Wissen Sie genau, was der Mitarbeiter tun soll? Haben Sie Ihren Mitarbeiter gebeten, den Bericht nur zu recherchieren oder auch zu schreiben? Sie können nur dann verständliche Anweisungen geben, wenn Sie selber auch verstanden haben, warum es geht.

– Haben Sie die geeignete Person ausgesucht?

Die Auswahl ist abhängig von der Zeit, dem Ort, der Aufgabe und den Zielen, die Sie mit ihr verbinden.

Dazu müssen Sie nachdenken über:

– **Verfügbarkeit:**

Hat Ihr Mitarbeiter überhaupt Zeit, die Aufgabe zu erledigen?

Hat der Mitarbeiter überhaupt Zeit? Oder ist er mit anderen wichtigen Aufgaben beschäftigt?

– Anforderung der jeweiligen Aufgabe: Muß die Aufgabe pünktlich und fehlerfrei erledigt werden, oder erlaubt der zeitliche Spielraum Fehler? Welcher Mitarbeiter genügt diesen Anforderungen am ehesten?

– **Einweisung des Mitarbeiters:**

Zu den Informationen, die Sie geben müssen, gehören:

– **Informationen über die Aufgabe:**

Lassen Sie sich dafür Zeit, besonders bei einem Mitarbeiter mit geringerem Reifegrad. Legen Sie genau fest, wie und wann die Aufgabe erfüllt werden soll.

– **Priorität der Aufgabe**:

Welche anderen Aufgaben können dafür aufgeschoben oder weggelassen werden? Vergessen Sie nicht, daß Ihr Mitarbeiter vielleicht nicht dieselben Vorstellungen hat wie Sie, was die Priorität betrifft.

– **Zulässige Breite:**

Soll die Aufgabe in der Weise bearbeitet werden, wie Sie es wünschen, oder hat der Mitarbeiter Freiheiten, eigene Vorstellungen einzubringen?

– Vergewissern Sie sich, daß der Mitarbeiter Ihre Anweisungen verstanden hat. Lassen Sie ihn immer Ihre Anweisungen wiederholen, besonders die wichtigen Dinge wie Methoden oder Termine. Lassen Sie sich beim Zuhören nicht stören, sondern konzentrieren Sie sich voll auf die Worte des Mitarbeiters.

Wenn Sie den Mitarbeiter motivieren wollen, haben Sie mindestens zwei Möglichkeiten:

– **Ermutigung:**

Zeigen Sie Ihrem Mitarbeiter, daß Sie konkret ihm vertrauen. Sie können zum Beispiel sagen: »Sie haben beim letzten Bericht sehr gute Arbeit geleistet, und ich weiß, daß Sie diese Aufgabe ebensogut in den Griff bekommen.«

– **Unterstützung:**

Machen Sie Ihrem Mitarbeiter klar, daß Sie ihm helfen werden, wenn es ein Problem geben sollte. Sie können ihm auch andere Team-Mitarbeiter nennen, an die er sich wenden kann. »Gabi hat eine Menge Erfahrung mit dieser Software. Sie wird Ihnen gerne helfen, wenn es Probleme gibt.«

3. Arbeiten Sie systematisch und organisiert!

Organisation ist wesentlich, darf aber nicht zum Selbstzweck werden.

Eine gute Organisation ist für erfolgreiches Zeitmanagement wesentlich. Achten Sie jedoch darauf, daß Organisation nicht zum Selbstzweck wird, sondern immer ein Mittel zum Zweck bleibt. Konzentrieren Sie sich auf Ergebnisse statt auf Prozesse.

4. Ordnen Sie sorgfältig und selektiv!

Nehmen Sie sich jede Woche Zeit, Ihre Papiere zu ordnen. Entfernen Sie regelmäßig überflüssiges Material aus Ihren Ordnern. Das meiste veraltet sehr schnell. Fragen Sie sich: Muß ich das wirklich aufheben? Untersuchungen haben gezeigt, daß mehr als sechzig Prozent des abgelegten und abgehefteten Papiers nie mehr angeschaut wird.

– Enthusiasmus ist für die Motivation entscheidend.

Enthusiasmus kann auf verschiedene Weise anspornen. Wer am besten wann arbeitet, hängt von der Psyche des einzelnen Mitarbeiters ab. Einige lieben die Herausforderung: »Frank, das ist eine schwierige Aufgabe, aber ich bin überzeugt, daß du sie in den Griff bekommst.«

Andere stehen einer Aufgabe besonders enthusiastisch gegenüber, wenn sie die volle Verantwortung übernehmen dürfen: »Es ist Ihr Projekt. Führen Sie es durch, ganz bis zum Schluß. Ich unterstütze alle Ihre Entscheidungen.«

Schließlich lassen sich Mitarbeiter mit einem geringen Reifegrad durch Prämien, öffentliche Würdigung, Möglichkeit der Beförderung usw., enthusiastisch stimmen.

5. Beobachtung der Fortschritte

Besonders bei einer langen oder komplexen Aufgabe ist es nötig, den Fortschritt bei der Arbeit zu beobachten. Aber geben Sie Ihrem Mitarbeiter nicht das Gefühl, ihm ständig über die Schulter zu schauen. Das Ausmaß der Beobachtung hängt vom Reifegrad des Mitarbeiters ab. Je höher er ist, desto weniger sollte der Mitarbeiter spüren, daß man ihn beobachtet. Das verringert nicht nur die Motivation, sondern kostet auch Zeit. Fragen Sie nur nach einem Bericht, wenn eine besondere Gelegenheit es erfordert oder der Zeitplan nicht eingehalten wird.

– Vorsicht beim »Zurück-Delegieren«: Das bedeutet, daß ein Mitarbeiter die übertragene Aufgabe Stück für Stück an Sie zurückgibt, indem er ständig Ihre Hilfe und Unterstützung sucht, bis Sie schließlich am Ende doch fast alles selbst machen. Wenn Sie die oben beschriebenen Schritte eingehalten haben, wird Ihnen das aber nicht passieren.

Organisation ist wesentlich, darf aber nicht zum Selbstzweck werden.

Delegieren muß wie alle Fertigkeiten beständig geübt werden, indem man es regelmäßig praktiziert. Wenn Sie es aber einmal gelernt haben, verfügen Sie über eine wichtige Methode, um Ihre Zeit besser gestalten zu können.

Wenn Sie erkannt haben, daß eine Aufgabe nicht delegierbar ist, fragen Sie sich, ob die Aufgabe vielleicht zu einem späteren Zeitpunkt schneller und effektiver erledigt werden kann. Obwohl viele Menschen jede Art von Verzögerung als Zeitverschwendung ansehen, gibt es immer wieder Situationen, in denen sich damit am besten Zeit sparen läßt. Im nächsten Kapitel erkläre ich Ihnen, wann und warum das so ist. Und ich zeige Ihnen auch, was Sie tun müssen, wenn eine Arbeit erledigt werden muß – und zwar von Ihnen selbst!

4 Warum man manchmal etwas aufschieben sollte

Wenn du einen Elefanten am Hinterbein festhältst und er versucht fortzulaufen, dann ist es am besten, ihn laufen zu lassen.
Abraham Lincoln

»Verspätung ist dem Irrtum vorzuziehen« schrieb Thomas Jefferson. Hätte er dies im 20 Jahrhundert getan, hätte er womöglich hinzugefügt: »und der Zeitverschwendung«. Wenn man zu langsam arbeitet, kann das dazu führen, daß man sich Chancen vergibt. Arbeitet man zu schnell, kann das zu Fehlern führen, die Zeit und Geld kosten.

Wenn man etwas verschleppt

Wir müssen ganz deutlich zwischen positiven und negativen Verzögerungen unterscheiden. Letztere treten auf, wenn Sie an einer wichtigen Aufgabe nicht mehr weiterarbeiten und sich dafür einer weniger wichtigen annehmen. Bevor wir darüber nachdenken, wie sich Verzögerungen als Mittel einsetzen lassen, um Zeit zu sparen, schauen wir uns einige der Gründe an, warum Menschen wichtige Aufgaben verschleppen, anstatt sie zu erledigen.

Versuchen Sie am Anfang nicht gleich, die Aufgabe perfekt erledigen zu wollen.

1. Unnötiges Aufschieben aus Perfektionsdrang

Die Vorstellung, eine Aufgabe gleich perfekt erledigen zu wollen, blockiert viele Menschen so sehr, daß sie gar nicht erst anfangen können. Obwohl es lobenswert ist, eine Aufgabe perfekt erledigen zu wollen, ist es nicht unbedingt der beste Weg, um seine Ziele zu erreichen.

2. Unnötiges Aufschieben aus Langeweile
Aus Langeweile etwas aufzuschieben, was getan werden muß, ist weit verbreitet, da es der menschlichen Natur entspricht, das zu tun, was am interessantesten ist.

Schieben Sie Aufgaben weder aus Langeweile noch aus Abneigung unnötig auf.

3. Unnötiges Aufschieben aus Antipathie
Antipathie gegenüber dem Mitarbeiter, der einem die Aufgabe übertragen hat, oder gegenüber der Firma ist ein weiterer Grund für Verzögerungen. Der Mitarbeiter nutzt die Gelegenheit, sich zu rächen, indem er möglichst langsam arbeitet.

4. Unnötiges Aufschieben aus fehlendem Termindruck
Schließlich gibt es Menschen, die Aufgaben aufschieben, weil sie glauben, nur unter Termindruck arbeiten zu können. Diese Arbeitsweise ist jedoch ungesund. Auch vergeudet sie Ihre Zeit und die Zeit von Mitarbeitern: So müssen Sie ein Schriftstück, das Sie gelesen und zur Seite gelegt haben, noch einmal anschauen, wenn Sie nun zu arbeiten beginnen. So können andere Abteilungen Ihrer Firma unter Termindruck geraten. Ganz gleich aus welchem Grund: Das unnötige Aufschieben von Arbeit bedeutet Zeitverlust und wirkt besonders zerstörend, wenn Sie im Team arbeiten.

Das unnötige Aufschieben von Arbeit bedeutet Zeitverlust.

Warum Sie nicht jede Aufgabe sofort erledigen sollen

Es gibt drei Gründe, bei denen es von Vorteil ist, eine Arbeit aufzuschieben:

1. Wenn eine Aufgabe von niedriger Priorität aufgeschoben wird zugunsten einer von hoher Priorität:
Bleiben Sie nicht an unwichtigen Aufgaben hängen. Haben Sie eine davon erledigt, tauchen zwei neue auf. Wenn Sie alle wegarbeiten wollen, bevor Sie sich an die wichtigen Aufgaben machen, werden Sie mit diesen niemals beginnen. Lernen Sie deshalb, taktvoll, aber bestimmt »Nein« zu sagen.

Bleiben Sie nicht an unwichtigen Aufgaben hängen!

Lassen Sie sich nicht unvorbereitet zu einem Urteil hinreißen!

2. Wenn Sie emotional erregt, psychisch oder physisch erschöpft sind:
Schieben Sie Aufgaben erst einmal weg, wenn Sie zu durcheinander oder depressiv sind, um klar denken zu können. Wenn Sie Ihr emotionales Gleichgewicht wiedergefunden haben, können Sie die beste Antwort finden. Wie Sie besser damit umgehen können, lesen Sie in Kapitel 13 auf S. 125.ff.

3. Wenn Ihnen die Informationen oder Kenntnisse fehlen, die Aufgaben effizient zu erledigen:
Wenn Sie nicht alle Fakten haben, um eine Entscheidung zu fällen, dann schieben Sie die Aufgabe auf. Lassen Sie sich niemals unvorbereitet zu einem Urteil oder einer Antwort hinreißen. Es ist besser, eine richtige Antwort verspätet zu geben, als sofort zu antworten, und dann falsch.

Wenn Sie es doch selber tun müssen

Aber damit haben einige Manager die meisten Probleme. Sie wissen, daß die Aufgabe zu wichtig ist, als daß man sie weglassen könnte, und daß sie nicht delegiert und nicht aufgeschoben werden kann. Anstatt sie jetzt wegzuarbeiten, schieben sie die Arbeit immer weiter auf.
Um dies zu verhindern, benötigen Sie zehn Dinge, die auf Seite 37 auf dem Management-Erfolgsrad dargestellt sind. Es handelt sich um:

1. Selbstdisziplin
2. Die Fähigkeit, Chancen zu erkennen
3. Ziele
4. Die Fähigkeit, Störungen zu bewältigen
5. Die Fähigkeit, richtig zu planen und Prioritäten zu setzen
6. Die Fähigkeit, Verzögerungen zu vermeiden, die sich negativ auswirken
7. Besuch und Organisation von erfolgversprechenden Sitzungen
8. Konzentration
9. Die Fähigkeit zu delegieren
10. Beständige Verbesserung Ihrer Arbeitsmethoden

Prüfen Sie Ihre Fähigkeit zum Zeitmanagement

Versuchen Sie, Ihre Fähigkeit in einem der oben genannten Punkte selbst einzuschätzen, indem Sie Punkte vergeben (von 1 = sehr gering, bis 10 = sehr hoch) und ein Kreuz an die entsprechende Stelle einzeichnen, wo sich Ring und Speiche des Erfolgsrades treffen. Dann verbinden Sie die Kreuze und erhalten ein graphisches Profil Ihrer Stärken und Schwächen im Zeitmanagement.

Das Zeitmanagement-Erfolgsrad

Wie erfolgreich sind Sie?

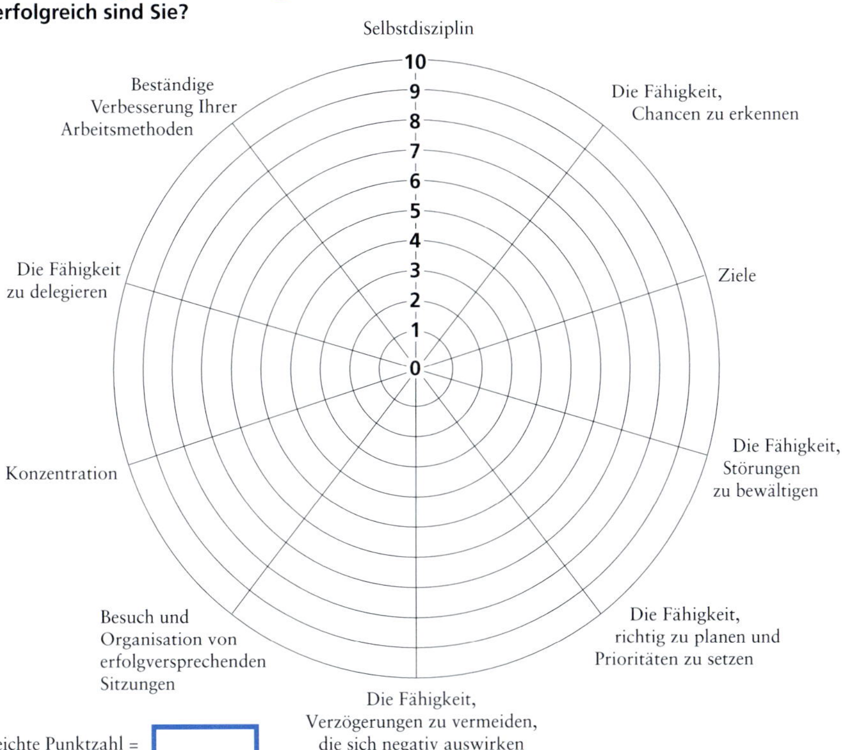

- Erreichte Punktzahl = ☐
- Erwünschte Punktzahl = ☐

Schließlich addieren Sie Ihre Punkte und schreiben die Zahl in das obere Kästchen. Das folgende Beispiel stammt von einem 42jährigem Verkaufsdirektor, der seine Qualitäten und Schwächen realistisch einschätzt. Es zeigt, wie so ein Zeitmanagement-Erfolgsrad aussehen kann.
Am besten kopieren Sie das Erfolgsrad von Seite 37 und tragen Ihre persönlichen Daten ein.

Das Zeitmanagement-Erfolgsrad

Wie erfolgreich sind Sie?

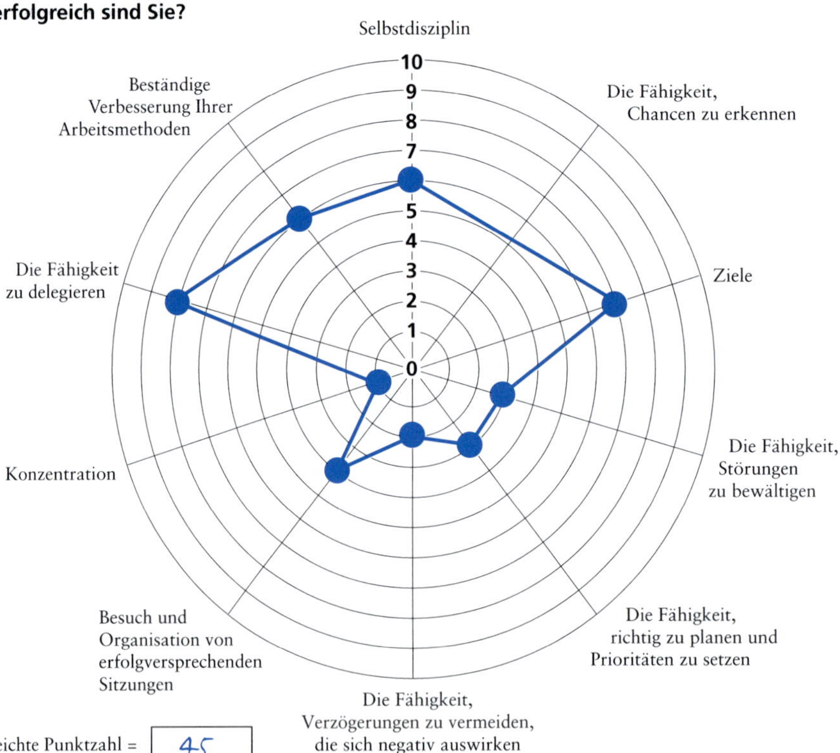

- Erreichte Punktzahl = 45
- Erwünschte Punktzahl = 80

Verbessern Sie Ihr Zeitmanagement

Nun kennen Sie Ihre Stärken und Schwächen. Überlegen Sie jetzt, wie Sie Ihre Schwächen beseitigen, welche Ihrer Einstellungen und Arbeitsmethoden Sie verändern sollten. Setzen Sie sich dabei realistische Ziele: Wieviel Punkte können Sie erreichen? Schreiben Sie die voraussichtliche Punktezahl in das zweite Kästchen.

1. Stellen Sie einen Aktionsplan auf!
Ein Aktionsplan ist die Methode des Zeitmanagements, die wahrscheinlich am häufigsten benutzt – und gleichzeitig schlecht genutzt wird. Damit sie etwas bewirkt, muß sie:
– täglich durchgeführt werden: Der Aktionsplan muß Teil Ihrer Arbeitsroutine werden, damit Sie ihn automatisch ausführen.
– selektiv wirken: Zeichnen Sie nur wichtige Aufgaben und keine Routinearbeiten auf. Setzen Sie Prioritäten! Wie das geht, lesen Sie im nächsten Kapitel.
– vor Ihnen liegen: Legen Sie den Aktionsplan neben sich auf den Schreibtisch. Notizen können Sie zwischen den Zeilen einfügen oder an den Rand schreiben. Schreiben Sie den Plan neu und kürzen Sie ihn, wenn er nicht mehr übersichtlich ist.
Ihr Aktionsplan muß so flexibel sein, daß er mit unerwarteten Unterbrechungen fertig wird, z.B. mit einer plötzlich angesetzten Besprechung. Falls Sie ihn nicht mehr einhalten können, müssen Sie die Arbeitsschritte neu planen. Dabei helfen Ihnen klar definierte Prioritäten. Wenn ein Arbeitsschritt die Zeit wert sein soll, die man investiert, so beinhaltet er:
– notwendige Aufgaben: Vermeiden Sie es, Dinge zu tun, nur weil Sie bereits gestern hätten getan werden müssen.
– geeignete Aufgaben: Vermeiden Sie es, Dinge zu tun, die Sie auch delegieren können.
– effiziente Lösungswege: Vermeiden Sie es, Dinge zu tun, wenn es einen besseren, schnelleren, effektiveren Weg gibt.

2. Schreiben Sie einen Zeitplan!
Zwischen Ihnen und Ihrem Ziel liegt fast immer ein Hindernis, das Sie überwinden müssen. PERT (Programme Evalua-

Stellen Sie einen Aktionsplan auf.

Ein Aktionsplan ist Teil der Arbeitsroutine, enthält aber keine Routineaufgaben.

Ihr Aktionsplan muß so flexibel sein, daß Störungen kein Problem werden.

tion and Review Technique) ist eine Möglichkeit, mit der Sie sowohl die Gesamtdauer eines Projekts einschätzen wie auch einen Überblick über die nötigen Arbeitsschritte gewinnen. Und so funktioniert es:

- Beginnen Sie, indem Sie alle nötigen Schritte auflisten.
- Schätzen Sie, wieviel Zeit Sie für jeden Schritt benötigen.
- Zeichnen Sie ein Netzwerk, das die Zusammenhänge zwischen den einzelnen Schritten verdeutlicht.

Die Graphik zeigt die Schritte, die Sie gleichzeitig erledigen, als verschiedene Äste. Sie sehen den besten Weg, um zum Ziel zu gelangen, und auch die wahrscheinliche Länge eines jeden Schritts. Das Beispiel zeigt einen Zeitplan für die Vorbereitung eines Vortrags:

PERT

Überblick und Einschätzung
von Projektschritten und deren Dauer

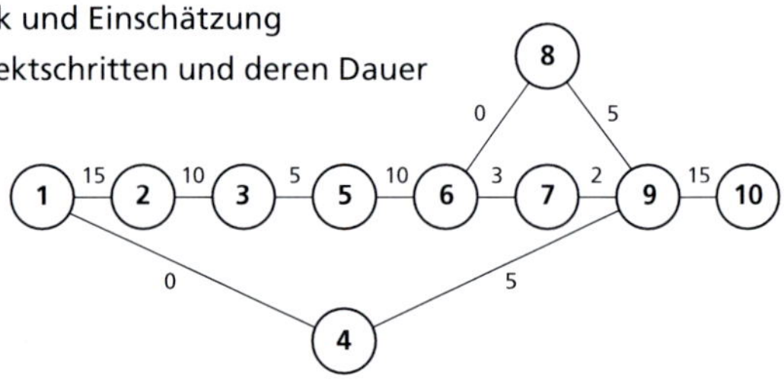

Projekteinschätzung

Was zu tun ist	Wieviel Zeit benötigt wird
1. Materialsammlung	15 Stunden
2. Entwurf schreiben	10 Stunden
3. Entwurf korrigieren	5 Stunden
4. Dias vorbereiten	5 Stunden
5. Neue Fassung schreiben	10 Stunden
6. Korrekturlesen	3 Stunden
7. Letzte Version tippen	3 Stunden
8. Overhead-Folien	5 Stunden
9. Vortrag einstudieren	1,5 Stunden
10. Präsentation	30 Minuten

3. Bleiben Sie flexibel!

Bleiben Sie offen gegenüber anderen Möglichkeiten, die Arbeit zu erledigen. Flüchten Sie sich nicht in Ausreden wie »Aber wir haben es immer so gemacht«, wenn neue Arbeitstechniken eingeführt werden sollen.

Bleiben Sie flexibel, denn es gibt immer auch andere Möglichkeiten, eine Aufgabe zu erledigen.

4. Arbeiten Sie nicht gegen Ihre innere Uhr!

Sie haben sicher schon gemerkt, daß Sie sich zu bestimmten Tageszeiten geistig und körperlich besser fühlen. Soweit Sie können, sollten Sie das in Ihrem Zeitplan berücksichtigen. Für kreative Tätigkeiten ist oft der Morgen, für Routineaufgaben der frühe Nachmittag günstig. Am späten Nachmittag lernt man besser, weil dann das Gedächtnis gut funktioniert. Viele Menschen können sich dann auch am besten konzentrieren.
Dennoch geht bei jedem Menschen die innere Uhr etwas anders, so daß Sie selbst herausfinden müssen, welche Tätigkeit Sie sich zu welcher Tageszeit vornehmen sollen.
Wenn Sie immer wieder gegen 11 Uhr geistige und körperliche Tiefpunkte erleben, könnte es sein, daß Sie kein ausreichendes Frühstück zu sich nehmen. Bei der ersten Mahlzeit am Tag sollte man sowohl Proteine wie Kohlehydrate zu sich nehmen. Wie die Graphik zeigt, steigern Nahrungsmittel mit hohem Zuckeranteil die Energie

Haben Sie ein gutes Frühstück zu sich genommen?

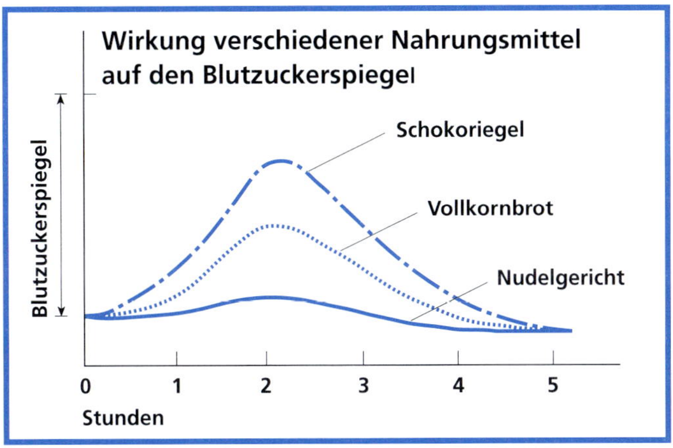

plötzlich, genauso schnell fällt diese jedoch wieder ab, da der Körper mit der Produktion von Insulin reagiert, um mit dem Zucker fertig zu werden. Halten Sie sich an die Regel: »Frühstücken wie ein König, Mittagessen wie ein Bürger und Abendessen wie ein Bettler.«
Wenn Sie nicht wissen, wie Ihre innere Uhr läuft, können Sie das im Anhang auf S. 156/157 herausfinden.

5. Erledigen Sie das Schlimmste zuerst!
Ein spanisches Sprichwort empfiehlt, den Tag damit zu beginnen, einen lebenden Frosch zu essen! Wenn Sie unangenehme Aufgaben auf später verschieben, anstatt sie gleich zu erledigen, kann Sie der Gedanke an das, was Ihnen bevorsteht, von der Erledigung anderer Aufgaben abhalten.

6. Bekämpfen Sie die Müdigkeit durch körperliche Übungen am Schreibtisch!

Schützen Sie sich vor gesundheitlichen Schäden!

Das ist besonders wichtig, wenn Sie lange am Schreibtisch sitzen müssen. Sie haben Schmerzen durch die Verspannungen der Muskeln. Aber zu lange Schreibtischarbeit schädigt auch Nerven und Blutgefäße.
Schützen Sie sich vor gesundheitlichen Schäden, indem Sie:
– gerade sitzen und Ihre Computer-Tastatur in der richtigen Höhe vor sich haben. Wenn Sitz und Tastatur aufeinander abgestimmt sind, ist Ihre Körperhaltung gerade und aufrecht, das heißt: Knie und Hüften sind im rechten Winkel abgeknickt, die Füße stehen auf dem Boden und unterstützen die Wirbelsäule.
– Ihren Kopf gerade halten und nicht nach vorne schieben, wie es viele tun, die am Schreibtisch arbeiten.
– Ihre Hände flach auf der Tastatur liegen.
– Ihren Computerbildschirm direkt vor sich haben und Ihren Kopf nicht beständig nach links oder rechts drehen müssen. Der Bildschirm sollte auch nicht näher als siebzig Zentimeter vor Ihnen stehen.

Unterbrechen Sie Ihre Arbeit immer wieder für gymnastische Übungen.

Schließlich sollten Sie zweimal pro Stunde Ihre Arbeit für dreißig Sekunden unterbrechen und folgende Übungen durchführen:

– Nähern Sie einen ausgestreckten Finger oder einen Stift Ihrem Gesicht, während Sie das Objekt nicht aus den Augen lassen. Wiederholen Sie das dreimal.
– Betrachten Sie einige Sekunden lang ein Objekt, das sich in einiger Entfernung vor Ihnen befindet.
– Drehen Sie Ihren Kopf langsam erst zur einen, dann zur anderen Seite. Halten Sie den Kopf kurz nach jeder Drehung in der Position. Wiederholen Sie diese Übung dreimal.

Einmal in der Stunde sollten Sie für zwei Minuten die Arbeit unterbrechen und diese Übungen zusätzlich ausführen:
– Führen Sie Ihre rechte Hand zur linken Seite Ihres Kopfes und schieben Sie mit ihr den Kopf zur Seite. Verharren Sie kurz in dieser Position und entspannen Sie sich dann. Wiederholen Sie das dreimal.
– Drehen Sie die Handflächen nach außen und verhaken Sie Ihre Finger ineinander. Heben Sie nun Ihre Hände langsam mit gestreckten Ellbogen nach oben über den Kopf. Halten Sie die Hände in der Position, dann entspannen Sie sich. Wiederholen Sie die Übung dreimal.
– Versuchen Sie, Ihre Finger hinter Ihrem Rücken zu berühren, indem Sie mit einer Hand über die Schulter nach der anderen im Rücken greifen. Halten Sie Kopf und Nacken gerade, wechseln Sie die Arme und wiederholen Sie die Übung.

Mit diesen Übungen, die Sie am Schreibtisch machen, treten Sie der Ermüdung von Nerven und Muskeln entgegen, die zur geistigen und körperlichen Erschöpfung führt. Die Übungen helfen Ihnen, wach und aufmerksam zu bleiben, aber sie müssen regelmäßig durchgeführt werden. Wenn Sie damit Probleme haben, können Sie sich einen Wecker aufstellen, der Sie darauf hinweist, daß es nach zwanzig Minuten wieder an der Zeit ist, etwas für die Gesundheit zu tun.

Versuchen Sie nicht, jede Aufgabe über das Notwendige hinaus perfekt zu erledigen.

7. Hören Sie auf, wenn die Aufgabe erledigt ist!

Arbeiten Sie an einer Aufgabe auf keinen Fall weiter, wenn sie soweit erledigt ist, daß Sie Ihr Ziel damit erreicht haben. Versuchen Sie nicht, überperfekt sein zu wollen. Das ist oft nur eine Entschuldigung für das Aufschieben anderer Arbeit.

8. Lernen Sie, sich auf eine Sache zu konzentrieren!

Die meisten Menschen arbeiten nur mit 40 Prozent ihrer Arbeitskraft. Mit ganzer Kraft arbeiten heißt: sein Interesse auf eine Sache zu richten und sich darauf konzentrieren. Sie brauchen dazu:

- Ziele
- einen detaillierten Aktionsplan
- klare Prioritäten
- Konzentration

Legen Sie gleiche Aufgaben zusammen.

Immer wenn es möglich ist, sollten Sie gleiche Arbeiten zusammenlegen. Erledigen Sie alle Telefongespräche auf einmal oder nehmen Sie sich einen Nachmittag Zeit für die Post. Zwischen verschiedenen Aufgaben hin und her zu springen kostet Sie Zeit, da Ihr Gehirn sich ständig auf neue Anforderungen einstellen muß.

Wenn Sie ähnliche Arbeiten zusammenlegen, entwickelt Ihr Gehirn unbewußt neue Möglichkeiten, kürzer und zeitsparender das Vorgenommene wegzuarbeiten. Verschiedenfarbige Ordner erleichtern Ihnen, die einzelnen Aufgaben zu ordnen: Sie können eine Notiz von einem Anruf, der beantwortet werden muß, schnell in den roten Ordner legen, die Briefe, die Sie beantworten müssen, in den grünen.

Das unnötige Aufschieben von Arbeit ist aber nur das eine Hindernis, das Sie von leistungsfähigem Arbeiten abhält. In jedem Büro lauern sieben gefährliche Zeiträuber, die wertvolle Arbeitsstunden stehlen. In den folgenden Kapiteln zeige ich, welche das sind und wie sie hinter Schloß und Riegel gebracht werden.

5 Wie Sie die sieben Zeiträuber killen

Liebst du das Leben? Dann verschwende keine Zeit, denn sie ist der Stoff, aus dem das Leben gemacht ist.
Benjamin Franklin

Jede Arbeitswoche werden Tausende von wertvollen Arbeitsstunden in kleinen und großen Firmen von sieben rücksichtslosen Zeiträubern gestohlen. Die täglichen Verluste, die diese Räuber am hellichten Tag verursachen, gehen in die Millionen. Dennoch merken sehr viele Manager gar nicht, daß sie bestohlen worden sind, und noch weniger unternehmen sie Schritte, um die Räuber aus ihren Büros zu vertreiben.
In diesem Kapitel beschreibe ich Ihnen Möglichkeiten, um den ersten dieser Desperados, den »Sag nicht Nein!«-Banditen loszuwerden.

Wenn Sie »Nein« sagen müssen

Obwohl es eine Menge von Gründen gibt, »Ja« zu sagen, sollten Sie das unter folgenden Bedingungen niemals tun:

1. Sagen Sie »Nein«, wenn Sie unzumutbare Aufgaben übertragen bekommen!
Eine Aufgabe ist unzumutbar, wenn sie:
– die Vereinbarungen Ihres Arbeitsverhältnisses übersteigt,
– einen Eingriff in Ihre Privatsphäre bedeutet,
– ohne Grund Ihre freie Zeit in Anspruch nimmt,

Ergreifen Sie sofort erste Maßnahmen gegen den »Sag nicht Nein«- Banditen!

– etwas beinhaltet, was gegen Ihre Interessen, Prinzipien oder Glaubensvorstellungen verstößt,
– etwas ist, was Sie einfach nicht tun wollen.

Oft sagen Menschen, denen es an Selbstbewußtsein mangelt, nur »Ja«, weil sie fürchten, als Mensch abgelehnt zu werden. Ihre Zeit und Energie versickert dadurch in Aufgaben, die für ihre persönlichen und beruflichen Ziele nicht wichtig sind, während immer neue, unwichtige Aufgaben an sie herangetragen werden. Wenn Sie einmal den Ruf haben, daß man »es mit Ihnen schon machen kann«, lädt jedermann seine unangenehmen Aufgaben auf Ihrem Schreibtisch ab.
Einige behaupten, daß es beim Erreichen von persönlichen und beruflichen Zielen hilft, jede Aufgabe zu übernehmen, da man als eifriges, offenes Team-Mitglied beliebt und bekannt ist.

Es gibt feine, aber entscheidende Unterschiede zwischen einem Arbeitspferd und einem Esel.

Es gibt jedoch feine Unterschiede zwischen einem Arbeitspferd und einem Esel, dem jeder seine Last aufbürdet. Kooperation mit Kollegen, Gefallen tun, Aufgaben übernehmen, die Ihre berufliche Erfahrung erweitern – all das sind Gründe, zusätzliche Arbeit zu leisten. Sie haben aber nichts davon, als Abteilungs-Kuli zu gelten. Um gut arbeiten zu können, braucht man nicht nur den Respekt der anderen,

sondern auch Respekt vor sich selbst. Mitarbeiter, die unzumutbare Aufgaben übernehmen, verlieren noch dazu den Respekt ihrer Vorgesetzten.

Es ist nicht immer leicht, »Nein« zu sagen. Je länger Sie bisher immer »Ja« gesagt haben, desto schwieriger wird es sein, dies zu ändern. Glücklicherweise ist es umgekehrt genauso: Je häufiger es Ihnen gelingt, »Nein« zu sagen, desto weniger werden Sie sich dabei unwohl oder schuldig fühlen.

Wenn eine Aufgabe unzumutbar ist, müssen Sie nicht erklären warum Sie sie nicht übernehmen. Sagen Sie einfach: »Ich kann das leider nicht machen.« Besteht der andere darauf, dann wiederholen Sie Ihre Ablehnung höflich und bestimmt, ohne aggressiv zu werden oder sich in die Defensive treiben zu lassen.

Wiederholen Sie Ihr »Nein« höflich, aber bestimmt, ohne aggressiv zu werden!

Wenn die Aufgabe an der Grenze der Zumutbarkeit liegt, können Sie erklären, warum Sie es nicht tun wollen. Entschuldigen Sie sich aber nicht. Wenn Sie halbherzig »Nein« sagen, wird das Ihr Gegenüber nur zum Anlaß nehmen, den Druck auf Sie zu verstärken. Besonders wenn in der Vergangenheit Ihre Zustimmung vorausgesetzt werden konnte. Ein Beispiel einer halbherzigen Antwort könnte so aussehen:

»Tut mir wirklich sehr leid. Du weißt, wie gern ich dir helfen würde, den Bericht fertigzustellen. Aber ich habe einem Freund versprochen, früher zu gehen, damit wir noch eine Runde Squash spielen können.«

Halbherzige Antworten wie diese signalisieren in Wirklichkeit: »Obwohl ich das nicht machen will, möchte ich doch von dir gemocht werden. Du kannst meine Meinung ändern, wenn du den emotionalen Druck auf mich verstärkst.«

Was der andere mit Sicherheit auch tun wird! Eine weitverbreitete Taktik ist: »Das ist nicht fair. Du hast mir immer geholfen. Ich bin von dir völlig abhängig ...«

Ein andere Taktik ist die »Fuß in der Tür«-Taktik. Untersuchungen haben gezeigt: Wenn jemand erst einmal bereit ist, einen kleinen Gefallen zu tun, ist es sehr wahrscheinlich, daß er auf die nächste Frage auch positiv reagieren wird. Sie kennen die Taktik aus dem Sprichwort: Reicht man ihm den kleinen Finger, will er gleich die ganze Hand.

Lassen Sie sich nicht in die Defensive treiben. Steigen Sie dem anderen auf den Fuß, den er in die Tür gestellt hat.

Das einfache Geheimnis des »Nein«-Sagens besteht darin, es auch so zu meinen. Lassen Sie sich nicht beeindrucken, wenn der andere wütend oder enttäuscht reagiert. Diese Reaktionen sind nichts anderes als Versuche, Sie doch noch zu überreden.

2. Sagen Sie »Nein«, wenn die Aufgabe keine hohe Priorität hat!

Häufiger noch werden Ihnen Aufgaben angetragen, die zwar zumutbar, aber nicht so dringend sind wie die Aufgabe, die Sie gerade erledigen. Sagen Sie nicht »Ja«, sondern nennen Sie dem Mitarbeiter einen Zeitpunkt, zu dem Sie mit der Aufgabe beginnen können. Wenn ein Vorgesetzter darum bittet, müssen Sie das mit viel Taktgefühl erklären.

Sie könnten sagen: »Im Augenblick hat diese Aufgabe für mich die höchste Priorität aus folgenden Gründen (nennen Sie zwei oder drei!). Danach hatte ich vor, folgendes zu tun (nennen Sie die nächsten zwei Vorhaben!). Welche davon soll ich weglassen oder aufschieben, um die neue Aufgabe zu erledigen?«

Erklären Sie dem Vorgesetzten, warum jetzt gerade eine andere Aufgabe wichtiger ist.

An diesem Punkt angelangt, wird Ihnen Ihr Vorgesetzter vermutlich mehr Zeit für die neue Aufgabe einräumen oder die Verantwortung für Verzögerungen einer Aufgabe mit höherer Prioriät übernehmen.

Aber es gibt noch andere Möglichkeiten, »Ja« zu Ihrem Vorgesetzten und »Nein« zu der Aufgabe von niedriger Priorität zu sagen:

– Schlagen Sie vor, als Berater das Grundgerüst zu erarbeiten, während ein Mitarbeiter die praktische Arbeit ausführt.
– Delegieren Sie die Routineaufgaben wie Datensammlung und vorbereitende Arbeiten an einen Mitarbeiter.
– Bieten Sie an, die Aufgabe gemeinsam mit einem Kollegen zu erledigen.
– Erklären Sie, daß die Aufgabe außerhalb des Arbeitsbereichs liegt, in dem Sie sich auskennen, und schlagen Sie jemanden vor, der besser qualifiziert ist.

3. Sagen Sie »Nein«, wenn Ihnen Wissen oder Fähigkeiten fehlen!

Allein aus gutem Willen grünes Licht zu geben, während Ihnen die nötigen Qualifikationen fehlen, ist der schlimmste Fehler, den Sie machen können ist. Sie verschwenden dann nicht nur Ihre eigene Zeit, sondern auch die Zeit Ihrer Mitarbeiter.

Geben Sie ruhig zu, von einer Sache keine Ahnung zu haben!

– »Der Kopierer funktioniert nicht richtig. Könnten Sie mal nachschauen?«
– »Mein Auto springt nicht an. Vielleicht können Sie ...?«
– »Kannst Du mal schnell schauen, warum dieses Programm ...?«

Wenn Sie nicht zufällig Experte für Kopierer, Autos oder Computer-Software sind, müssen Sie ablehnen. Obwohl es vielleicht unfreundlich wirkt, ist es das einzig Vernünftige, was Sie tun können.

Dieser Zeiträuber kann Sie aber auch überfallen, wenn Sie der Experte sind. Manchmal müssen Sie nämlich zuerst die Ergebnisse von gutgemeinten Reparaturversuchen anderer Mitarbeiter beheben, bevor Sie das tatsächliche Problem lösen können. Für solche Situationen gibt es keine einfachen Verhaltensmuster, besonders, wenn es sich bei dem entsprechenden Mitarbeiter um Ihren Vorgesetzten handelt. Ich habe unten einige einfache, leicht übersehbare Dinge aufgezählt, die geprüft werden sollten, bevor man die Zeit eines Technikers beansprucht:

Verweisen Sie auf die Betriebsanleitung. Meistens steht in ihr alles Nötige.

– Sind die Stecker in der Steckdose?
– Ist das Gerät angeschaltet?
– Ist eine Birne durchgebrannt?
– Ist im Drucker/Kopierer ein Papierstau?
– Ist der Verschluß der Tonerkassette entfernt worden?

Mit Hilfe einer leicht verständlichen Checkliste kann auch ein Laie kleine Probleme beseitigen.

Schreiben Sie eine Checkliste und hängen Sie sie über das Gerät.

Eine andere Möglichkeit, Mitarbeiter abzuhalten, Geräte reparieren zu wollen, ohne etwas davon zu verstehen, habe ich in Kalifornien gesehen. Die folgende Notiz soll, so der Abteilungsleiter, sogar ältere Vorgesetzte abgeschreckt haben, an den Geräten herumzupfuschen:

ACHTUNG ALLES LOOKENSPEEPERS

DAS COMPUTERMACHINE IS NICHT FUER GEFINGERPOKEN UND MITTENGRABBEN, IST EASY SCHNAPPEN DER SPRINGERWERK, BLOWENFUSEN UND POPPNCORKEN MIT SPITZENPARKEN, IST NICHT FUER GEWERKEN BEI DA SUMPKOPFEN, DAS RUBBERNECKEN SIGHTSEEREN KEEPEN DAS COTTENPICKENEN HANS IN DAS POCKETS MUSS; RELAXEN UND WATCHEN DAS BLINKENLICHTEN

Geben Sie zu, daß Sie wütend sind!

4. Sagen Sie »Nein«, wenn Sie wütend sind oder sich ärgern! Erklären Sie, daß Sie sich die Sache erst überlegen müssen, bevor Sie eine Entscheidung fällen. Falls Sie es dennoch tun, bereuen Sie das vielleicht später.

5. Sagen Sie »Nein«, wenn es nicht nötig ist, daß die Aufgabe erledigt wird!
Prüfen Sie alle Aufgaben, indem Sie fragen:
– Bringt sie mich meinen Zielen näher?
– Wenn nicht, warum verschwende ich Zeit damit?
– Welche negativen Konsequenzen habe ich zu erwarten, wenn ich sie nicht ausführe?

Wenn sie von einem Mitarbeiter oder Untergebenen kommt, erklären Sie, warum Sie diese Aufgabe nicht erledigen werden. Aber: Bevor Sie nicht alles wissen, sollten Sie sich niemals über die Bedeutung einer Aufgabe äußern.
Wenn die Anweisung von einem Vorgesetzten kommt, haben Sie manchmal keine andere Möglichkeit, als sie auszuführen. Aber viele Vorgesetzte verschwenden Arbeitsstunden ihrer Mitarbeiter mit unproduktiven Aufgaben. Versuchen Sie, Gründe zu finden, warum eine Aufgabe unerledigt bleiben kann. Oft genügt der Hinweis auf die hohen Kosten.
Im nächsten Kapitel schauen wir uns Möglichkeiten an, wie man den zweiten und noch schlimmeren Zeiträuber nicht an sich heranläßt: Den unangemeldeten Besucher!

6 Suchen Sie sich Ihre Besucher selber aus!

Ein Freund in Not ist wie die Pest.
Unbekannter Verfasser

In einer Untersuchung steht, daß jeder Manager alle acht Minuten in seiner Arbeit unterbrochen wird. Einmal unterbrochen, braucht er mehrere Minuten, um wieder die gleiche Konzentrationsstufe zu erreichen. Anders gesagt: Ihm oder ihr stehen wenige Minuten intensiver Arbeit zur Verfügung, bevor die Konzentration erneut unterbrochen wird.
Die zwei Hauptgründe solcher Unterbrechungen sind das Telefon (siehe Kapitel 7 auf S. 57 ff.) und unangemeldete Besucher, die kurz »hereinschneien«.
Wie Sie wissen, sind manche Menschen gnadenlose Zeiträuber. Sie kommen in Ihr Büro oder an Ihren Arbeitsplatz zu keinem anderen Zweck als zu plaudern, eine unwichtige Frage zu stellen oder unerwünschte Ratschläge zu geben. Natürlich wollen nicht alle unangemeldeten Besucher nur Ihre Zeit stehlen. Andere verbinden ihr Verbrechen damit, daß sie Ihnen etwas verkaufen wollen!
Um diese Zeiträuber zu besiegen, werfen wir zuerst einen Blick darauf, wie eine Büroeinrichtung einen unangemeldeten Besucher an seinem Vordringen hindern kann.

Die Psychologie von Büroeinrichtungen

Die Art, wie Sie Ihr Büro einrichten, sagt viel über Ihre Persönlichkeit aus.

Wenn Sie ein eigenes Büro haben, besteht es meistens aus zwei Bereichen – einem privaten und einem öffentlichen. Wie die Möbel stehen, hängt natürlich vom Grundriß und der Größe ab. Wenn Sie private und öffentliche Zone voneinander trennen wollen, empfiehlt es sich, Ihr Büro nach einer der folgenden Beschreibungen zu gestalten:

1. Der Schreibtisch bildet eine diagonale Barriere im Zimmer mit Blickrichtung zur Tür.

2. Der Schreibtisch bildet eine Barriere in der Mitte des Raums mit Blickrichtung zur Tür.

3. Der Schreibtisch bildet eine Barriere an einer Seite des Raums, läßt aber an der anderen Seite viel Platz.

Trennen Sie den privaten und öffentlichen Bereich Ihres Büros sichtbar voneinander ab.

Weniger getrennt sind private und öffentliche Bereiche, wenn Sie vom Schreibtisch aus zum Fenster sehen oder der Schreibtisch an eine Wand geschoben ist.

In einer Untersuchung von Dr. Duncan Joiner wurde deutlich, daß in den meisten Büros vom Arbeitsplatz sowohl das Fenster als auch dic Tür zu sehen ist, wobei private und öffentliche Bereiche eindeutig getrennt waren. »Wenn man vom Schreibtisch aus die Tür sehen kann, zeigt das Bereitschaft zur Interaktion an«, kommentiert Dr. Joiner, »Und daß ein großer Teil der begutachteten Büros so eingerichtet war, zeigt, wie wichtig es ist, sehen zu können, wer in das Zimmer kommt; wichtiger als die Möglichkeit zu haben, aus

dem Fenster zu schauen. Man zeigt lieber, wo der »Frontbereich« verläuft.«
Das Wort »Frontbereich« meint das Bild, das dem Besucher präsentiert wird. Es sagt etwas über den Status desjenigen aus, der in dem Büro arbeitet.
Der Wunsch, ein klares Persönlichkeitsbild von sich zu schaffen und darzustellen, gehört zum Menschen wie sein Sicherheitsbedürfnis.

Die Taktiken der Besuchsbanditen

Bei dem Versuch, Ihre Zeit zu stehlen, gehen Zeiträuber schrittweise vor und haben leider sehr häufig Erfolg:

1. **Sie treffen mit einer halbplausiblen Entschuldigung** für ihren ungeplanten Besuch ein:
– »Du wolltest doch den neuen Rundbrief noch lesen ...«
– »Weißt du, wie das Fax im Sekretariat funktioniert ...?«

2. **Sie dringen aus dem öffentlichen** in den privaten Bereich ein. Denn es ist weit schwieriger, jemanden aus dem privaten Bereich loszuwerden. Um dort einzudringen zu können, brauchen sie eine Einladung, und um diese zu erhalten, wenden Sie zum Beispiel folgende Taktik an:
– »Verstehst Du diese Betriebsanleitung? Also ich nicht ...«
Der Besucher reicht den Text über den Schreibtisch, und während Sie versuchen, sich zu orientieren, dringt er in den Privatbereich ein, stellt sich neben Sie, um Ihnen im Text die entsprechende Stelle zu zeigen. Oder er geht gleich mit dem Text in der Hand nach vorn und übergibt Ihnen dort das Schriftstück.

Verhindern Sie das Eindringen unangemeldeter Besucher in den privaten Bereich.

3. **Das Schlußmanöver**
Der Besucher setzt sich hin, indem er einen Stuhl heranzieht oder gleich auf dem Schreibtisch Platz nimmt. Wenn das geschehen ist, haben Sie vorerst verloren. Um den Besucher jetzt wieder loszuwerden, müssen Sie eine ganze Menge Zeit investieren.

Wie man den unangemeldeten Besucher wieder los wird

Sie können unangemeldete Besucher durch sechs verschiedene Vorgehensweisen loswerden:

1. Errichten Sie Hindernisse!
Verhindern Sie das Eindringen in Ihren Privatbereich durch Gegenstände wie niedrige Tische, Bodenvasen oder einen Papierkorb, die Sie im Frontbereich aufstellen. Sogar hartnäckige »hereingeschneite« Besucher steigen ungern über Möbelstücke.

2. Führen Sie den Besucher in den öffentlichen Bereich zurück!
Wenn er oder sie bereits in Ihren privaten Bereich eingedrungen ist, müssen Sie ihn so schnell wie möglich daraus entfernen. Eine Taktik besteht darin, ein Dokument aus dem Aktenschrank zu holen. Bleiben Sie mit dem Ordner im öffentlichen Bereich stehen, so daß der Besucher zurückkommen muß, um sich mit Ihnen weiter zu unterhalten.

3. Vermeiden Sie Blickkontakt!

Vermeiden Sie Blickkontakt und verhindern Sie, daß der Besucher sich setzt.

Drehen Sie sich zur Seite, so daß der unwillkommene Besucher Ihren Rücken oder Ihr Profil vor sich hat. Schauen Sie nur kurz auf, murmeln Sie, daß Sie gerade mit einer wichtigen Arbeit beschäftigt sind, dann vertiefen Sie sich wieder in das Papier. Es ist schwer, jemanden zu stören, wenn man keinen Blickkontakt hat.

4. Verhindern Sie, daß der Besucher sich setzt!
Sie können auch aufstehen, wenn ein unangemeldeter Besucher hereinkommt. Das verhindert zumindest, daß dieser für ein längeres Gespräch Platz nimmt.

5. Verlassen Sie mit dem Besucher Ihr Büro!
Leiten Sie den unangemeldeten Besucher aus dem Büro, indem Sie anbieten, ihm draußen etwas zu zeigen: »Haben

Sie das neue Plakat draußen gesehen?« Was Sie zeigen, ist dabei völlig gleichgültig. Sobald der Besucher draußen steht, haben Sie gewonnen.

6. Verpflichten Sie Besucher, sich anzumelden!

Verlangen Sie von Besuchern, daß sie sich anmelden.

Sie können Ihre Arbeitszeit unterteilen in geplante Zeit, die im voraus für Besprechungen und andere Termine strukturiert und verplant wird, und ungeplante Zeit, die Sie für die restlichen Aufgaben und unerwartete Dinge bereitstellen.

Einige Manager glauben, daß nur die geplante Zeit störungsfrei sein muß. Wenn Sie aber in der unverplanten Zeit jede Störung zulassen, haben Sie keine Zeit mehr, zusätzliche Aufgaben zu erledigen.

Entmutigen Sie daher unangemeldete Besucher, indem Sie unverplante Zeit ebenfalls »planen«. Sie können verlangen, daß sich Besucher anmelden, indem sie anrufen oder sich auf eine Liste an der Tür eintragen. Versuchen Sie diese Strategie, auch wenn sie nicht immer funktioniert, zumindest an ein, zwei Tagen in der Woche einzuführen. Oder kennzeichnen Sie einige Stunden als Zeit, in der Sie grundsätzlich nicht gestört werden wollen. Das hilft Ihnen, Zeit zu haben, die wirklich wichtigen Aufgaben konzentriert und effektiv zu erledigen.

Viele Manager haben mir berichtet, wie selbst eine kurze Störung ausreicht, die Konzentration für eine schwierige Arbeit und den dazu nötigen Gedankenfluß entscheidend zu stören. Sie brauchen, sagten sie, bis zu fünf Minuten, um wieder in die Aufgabe zurückzufinden.

Unangemeldete Besucher im Großraumbüro

Auch im Großraumbüro kann man sich gegen unangemeldete Besucher schützen.

Das Großraumbüro hat den Vorteil, daß Teams besser kommunizieren können. Wenn es gut eingerichtet ist und Schutz vor Lärm bietet, sind Großraumbüros den herkömmlichen überlegen. Dennoch sind sie wahrscheinlich mehr als jede andere Innovation dafür verantwortlich, daß Zeit verschwendet wird.

Nicht nur fällt es vielen Mitarbeitern hier schwerer, sich zu konzentrieren, sondern sie sind auch verwundbarer durch unangemeldeten Besuch. Da der freie Zugang zu allen Mitarbeitern Prinzip des Großraumbüros ist, haben es natürlich Zeiträuber wesentlich leichter. Ich kenne keine wirklich perfekte Strategie, diese Zeitpiraten in Großraumbüros von ihrem Tun abzuhalten. Aber recht gut funktioniert haben folgende Taktiken, die von geplagten Managern entwickelt wurden:

– **Die selbst gebastelte Ampel:** Sie kann aus einem Pappkarton mit farbigen Stiften einfach hergestellt werden und sieht aus wie eine Spielzeugampel beim Verkehrsunterricht. Ein einfacher Schieber gibt jeweils eine Farbe frei. Wenn die Ampel auf Rot steht, dürfen Sie nur unterbrochen werden, wenn das Gebäude brennt. Steht sie auf Gelb, möchten Sie allenfalls bei ernsthaften Problemen mit Aufgaben von hoher Priorität gestört werden. Allein bei Grün sind Sie für jedes Problem ansprechbar.

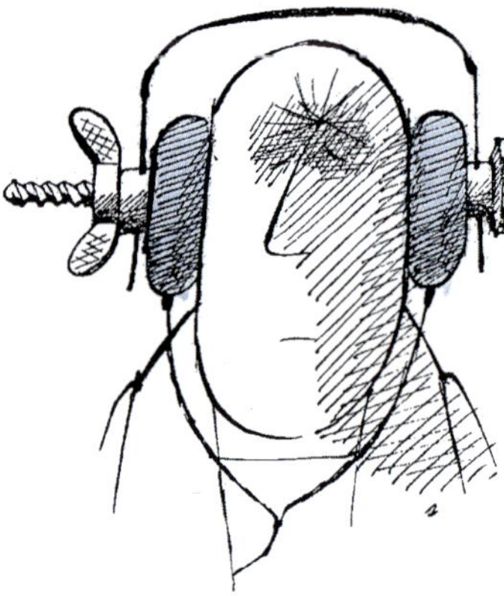

– **Ohrenschützer:** Wenn es Ihnen im Großraumbüro zu laut ist, können Sie es mit Ohrenschützern versuchen. Benutzen Sie nicht die kleinen unsichtbaren Wachsstöpsel, sondern große, unübersehbare Mickey-Maus-Ohrenschützer. Damit zeigen Sie auch, daß Sie nicht gestört werden wollen.

Halten Sie regelmäßige Treffen der Mitarbeiter ab, bei denen über die Verbesserung der Arbeitsplatzumgebung diskutiert wird.

– **Planung und Kooperation:** Weil jeder wahrscheinlich gleichermaßen ungehalten auf Störungen reagiert, ist es sinnvoll, regelmäßige Treffen der Mitarbeiter eines Großraumbüros abzuhalten. Probleme können dabei besprochen und Vorschläge zur Verbesserung der Arbeitsplatzumgebung diskutiert werden.

An dieser Stelle sollten Sie wieder Ihre Zeitprotokolle durchsehen. Wieviele Stunden sind Ihnen von Zeiträubern gestohlen worden, die »nur kurz hereinschneien?« Wenn Sie die obengenannten Methoden und Strategien anwenden, lassen Sie nichts unversucht, Ihre Verluste zu verringern.

7 Bleiben Sie nicht am Telefon hängen!

Der große Vorteil, der es von allen anderen elektrischen Geräten unterscheidet, besteht darin, daß jeder es bedienen kann.
Aus einem Prospekt der Alexander Graham Bell's Electric Telephone Company, 25. März 1878

Stellen Sie sich folgende Szene vor: Einer Ihrer Kollegen, der durch Arbeitsüberlastung zur Verzweiflung getrieben wurde, hat sich auf das Fensterbrett seines Büros im zehnten Stock gestellt und droht damit hinabzuspringen. Sie versuchen, ihn von seinem Plan abzubringen. Als er bereit ist einzulenken, klingelt plötzlich auf dem Schreibtisch das Telefon. Würden Sie abheben? Wohl kaum.

Telefonanrufe müssen sofort und höflich beantwortet werden, aber …

Aber verhalten Sie sich nicht ähnlich, wenn Sie eine Aufgabe mit hoher Priorität unterbrechen, um einen unwichtigen Telefonanruf entgegenzunehmen?

Abschirmen und Delegieren von Telefonanrufen

Telefonanrufe müssen natürlich sofort und höflich beantwortet werden, wenn Ihre Firma bei Kunden und Lieferanten einen guten Ruf haben soll. Aber das heißt nicht, daß immer Sie das sein müssen, der sie beantwortet.

… beim Telefonieren können Sie mehr Zeit verschwenden, als Sie vielleicht glauben.

Das Abschirmen und Delegieren von Telefonanrufen kann eine erhebliche Menge Zeit sparen. Auch wenn man Telefongespräche auf das geschäftlich Notwendige beschränkt. Denn das Telefon wurde erfunden, um Zeit zu sparen:

– Sie können schneller und direkter mit einem Geschäftspartner sprechen, wenn Sie das Telefon oder Fax benutzen.
– Sie können mit Menschen reden, ohne zu ihnen fahren zu müssen.
– Mißverständnisse und Fehler können sofort geklärt werden. Seien Sie aber vorsichtig, sonst entpuppt es sich als unersättlicher Zeiträuber.

Falscher Umgang mit dem Telefon

Aber wie gesagt: Telefonieren hat zwei Seiten. Sie können die gewonnene Zeit schnell wieder verlieren.

40% der verschwendeten Zeit verliert man durch falsches Telefonieren.

Ich habe errechnet, daß mehr als vierzig Prozent der Zeitverschwendung am falschen Umgang mit dem Telefon liegt. Eine Untersuchung hat gezeigt, daß bei 3000 Anrufen in 300 verschiedenen Firmen in mehr als einem Drittel der Fälle das Telefon achtmal läutete, bevor abgehoben wurde. Weitere Zeit wurde in den Warteschleifen verschwendet, bis man mit dem richtigen Gesprächspartner verbunden wurde.
Wenn Sie glauben, daß dies in Ihrem Unternehmen anders ist, sollten Sie ein kleines Experiment durchführen. Rufen Sie von außerhalb mit einer schwierigen Frage bei Ihrer Firma an. Melden Sie sich dabei mit einem Namen, der schwierig auszusprechen ist, und fragen Sie bei ihrem Anruf, wer für diese Frage zuständig ist und ob Sie diese Person sprechen könnten. Sie werden vielleicht überrascht sein, wie die Zeit eines Kunden verschwendet wird.
Bedenken Sie, daß 95 % aller Kontakte einer Firma über das Telefon laufen. Die Art, wie Sie dabei behandelt werden, hat einen erheblichen Einfluß auf den Wunsch, mit einer Firma Geschäfte zu machen oder nicht – ganz gleich, ob man zum ersten Mal anruft oder bereits bekannt ist.

Wie man beim Telefonieren Zeit spart

Telefonieren erfordert Erfahrung und Können. Sie haben aber zwanzig verschiedene Möglichkeiten zur Verfügung, um Telefon-Zeiträuber abzuhängen.

1. Plaudern Sie nicht zu lange. Vermeiden Sie Zeitvergeudung und irrelevante Diskussionen. Kommen Sie – ohne unhöflich zu erscheinen – schnell zum entscheidenden Punkt. Verhindern Sie, daß ein Anrufer zu sehr abschweift.

Plaudern Sie nur solange, wie es für das Geschäft nötig ist, und kommen Sie immer wieder auf das Ihnen wichtige Thema zurück!

2. Geben Sie kurze Antworten. Erklären Sie nichts, wenn es nicht nötig ist. Sagen Sie, was Sie zu sagen haben, und beenden Sie das Gespräch, sobald Sie Ihr Ziel erreicht haben.

3. Sichern Sie sich ab, daß die Botschaft Ihres Anrufes auch verstanden worden ist. Wir erinnern uns am ehesten an die Dinge, die wir in einem Gespräch zuerst und zuletzt hören. Wenn Sie komplizierte Informationen oder Anweisungen mit dem Telefon durchgeben, sollten Sie zuerst einen Überblick geben, dann die Einzelheiten besprechen und schließlich noch einmal die wichtigsten Punkte kurz zusammenfassen.

4. Delegieren Sie die Annahme von Gesprächen, wenn das möglich ist.

5. Um zu verhindern, daß Sie von Telefongesprächen gestört werden, sollten Sie Arbeiten, die eine intensive Konzentration verlangen, auf den frühen Morgen legen.

6. Weigern Sie sich, zu bestimmten Zeiten Anrufe entgegenzunehmen. Delegieren Sie in diesem Fall alle Anrufe, oder benutzen Sie einen Anrufbeantworter.

7. Ängstlichkeit vor schwierigen Anrufen kann auf verschiedene Weise ebenfalls Zeit kosten. Vielleicht verschieben Sie diesen Anruf, obwohl die Sache wichtig ist und gleich erledigt werden müßte. Wenn Sie dann anrufen wollen, fällt es Ihnen schwer, klar zu denken. Sie haben Fakten und Zahlen nicht mehr im Kopf, müssen wieder in Ihren Notizen suchen, was weitere Verzögerungen bedeutet.
Durch die körperliche Anspannung fällt es Ihnen schwer, sich klar auszudrücken, Sie stottern und stammeln. Wenn die Anspannung zu groß ist, beenden Sie das Gespräch, bevor Sie

Ihren Zweck erreicht haben. Das bedeutet wieder Zeitverschwendung, weil Sie noch einmal anrufen müssen. Untersuchungen haben gezeigt, wie angstbedingte Spannung die Stimme verändert, so daß Männer als irritiert und unflexibel eingeschätzt werden, Frauen als emotional und irrational. Schließlich sind Sie nicht in der Lage, so sorgfältig zuzuhören, daß Fehler und Mißverständnisse ausgeschlossen werden können.

Entspannen Sie sich vor schwierigen Telefonaten mit einer Übung.

Mit einer kleinen Entspannungsübung am Schreibtisch können Sie vor einem schwierigen Anruf eventuelle Probleme vermeiden.

– Ballen Sie die Fäuste, ziehen Sie die Zehen hoch und den Bauch ein. Dann zählen Sie langsam bis fünf.
– Atmen Sie langsam aus und entspannen Sie sich wieder.
– Atmen Sie noch einmal tief ein und halten Sie die Luft fünf Sekunden lang an. Achten Sie beim Ausatmen darauf, daß Sie Ihre Zähne nicht zusammenbeißen.
– Atmen Sie dann schnell weitere fünf Sekunden ein und aus und fühlen Sie, wie die Spannung in Ihrem Körper nachläßt.
– Beruhigen Sie schließlich Ihre Nerven, indem Sie sich in Gedanken für einige Augenblicke an einen sonnengewärmten Sandstrand versetzen.

Jetzt sind Sie geistig und körperlich in der Lage, den Hörer abzuheben und den schwierigen Anruf zu erledigen.

Kommen Sie gleich auf den entscheidenden Punkt zu sprechen.

Wenn Sie die entsprechende Person erreicht haben, kommen Sie gleich auf den entscheidenden Punkt zu sprechen. Bei komplizierten Informationen notieren Sie sich die Schlüsselaussagen, bevor Sie wählen, und benutzen Sie die Notizen als Leitfaden.

8. Fördern Sie die Zustimmung des anderen mit der Frage: »Können wir das so machen?« sobald Sie etwas vorgeschlagen haben. Untersuchungen einer Versicherung haben gezeigt, daß mit Hilfe dieser einfachen Frage wesentlich leichter Vereinbarungen getroffen werden können. Sie fordert zu einer positiven Antwort auf, ohne unhöflich zu sein, und bringt die Gesprächspartner zum Sprechen, wenn Sie eine Stellungnahme zu einer wichtigen Frage erwarten. Und sie bewegt den Gesprächspartner auf subtile Weise zur Zustimmung, da es zur Natur des Menschen gehört, Schwierigkeiten aus dem Weg zu gehen und den einfachsten Weg zu wählen.

9. Der Anrufer hat die Initiative und den psychologischen Vorteil:
– Sie haben sich entschlossen, die Zeit des anderen für sich in Anspruch zu nehmen, ob er/sie das will oder nicht. Dadurch befinden Sie sich in der besseren psychologischen Ausgangsposition. Sie haben auch den Vorteil, zu einer Zeit angerufen zu haben, die Ihnen paßt – im Gegensatz zu dem Angerufenen, der in seiner Arbeit unterbrochen wird.
– Da Sie mit dem Gespräch beginnen, haben Sie mehr Möglichkeiten, es so zu lenken, daß es Ihnen die meisten Vorteile bringt.
– Wer das Gespräch begonnen hat, kann es leichter beenden, ohne unhöflich zu sein, um keine weitere wertvolle Zeit zu verschwenden.

Der Anrufer hat die Initiative und kann das Gespräch in seine Richtung lenken

10. Bevor Sie wählen, sollten Sie immer genau wissen, was Sie sich von dem Anruf erwarten. Fragen Sie sich: »Was genau will ich mit diesem Anruf erreichen?« Wenn Sie versuchen, einen Termin zu vereinbaren, müssen Sie immer mehrere Termine zur Auswahl haben, falls der andere vorgibt, keine Zeit zu haben. Wenn Sie fragen: »Ist Ihnen Freitag um zehn Uhr recht?« bringen Sie den anderen dazu, eher darüber nachzudenken, ob er Zeit hätte, Sie zu sehen, als daran zu denken, daß er sich mit Ihnen gar nicht treffen möchte.

Wissen Sie immer schon vorher, was Sie mit einem Telefonat erreichen wollen?

11. Beginnen Sie das Gespräch immer mit »Guten Morgen ...« oder »Guten Tag ...«. Dadurch kann sich der Angerufene auf Ihre Stimme einstellen und hat Zeit, seine Aufmerksamkeit von seiner Arbeit auf Ihren Anruf zu lenken. Es ist dann auch wahrscheinlicher, daß Ihr Name, den Sie immer vollständig nennen sollten, oder der Name dessen, den Sie sprechen wollen, in der Telefonzentrale auch verstanden wird.

12. Wenn Sie in einem ungeeigneten Augenblick anrufen, verschwenden Sie Zeit. Die Person, die Sie sprechen möchten, ist vielleicht gerade nicht im Büro oder kann Ihren Anruf aus anderen Gründen nicht entgegennehmen. Grundsätzlich wenig geeignete Tageszeiten sind der frühe Morgen und der späte Nachmittag. Fragen Sie deshalb immer: »Haben Sie einen Augenblick Zeit, oder soll ich später noch einmal anrufen?«

Telefonieren Sie stehend und hören Sie aktiv zu!

13. Telefonieren Sie im Stehen. Das erhöht Ihr Gefühl von Autorität und schärft die Gedanken. Wenn wir stehen, ist unser Körper und Geist aufmerksamer und wacher. Das macht es leichter, schwierige Informationen aufzunehmen, und vermeidet unnötiges Wiederholen.

14. Zuhören ist eine Fähigkeit, die gelernt, praktiziert und perfektioniert werden muß, bevor man sie erfolgreich nutzen kann. Langsames Sprechen, Wiederholungen und bedeutungslose Einschübe können jeden Zuhörer zur Verzweiflung treiben. Wenn Sie nicht fähig sind, sich zu konzentrieren, schleichen sich auch bei wichtigen Informationen Fehler und Mißverständnisse ein. Vermeiden Sie das, indem Sie Anrufe nach ihrer Priorität einstufen. Wenn ein Anruf wichtiger ist als alles andere, was Sie zu tun haben, dann widmen Sie ihm Ihre volle Aufmerksamkeit. Ist ein Anruf weniger wichtig als die Aufgabe, mit der Sie beschäftigt sind, bitten Sie den Anrufer, zu einem günstigeren Zeitpunkt anzurufen.

Zuhören ist eine Kunst. Jeder kann sie lernen!

15. Hören Sie immer aktiv zu, wenn Sie telefonieren. Achten Sie nicht nur auf das, was gesagt wird, sondern auch auf das, was unausgesprochen bleibt. Es gibt drei Arten von aktivem Zuhören:
– Diagnostisches Zuhören: Hören Sie zu, wie ein guter Arzt seinem Patienten zuhört, bevor er die Diagnose stellt. Enthalten Sie sich vorschneller Urteile oder Kritik, weil diese den Gedankenfluß des Gesprächspartners beeinflussen können.
– Reflektives Zuhören: Bei dieser Form wiederholen Sie das Gehörte oder geben es mit eigenen Worten wieder. Das kann Zeit sparen, da Sie das Gehörte bestätigen und keine falschen Schlüsse ziehen. Laut wiederholte Informationen prägen sich besser ein und verringern die Wahrscheinlichkeit, wichtige Punkte, Ideen, Akten oder Zahlen zu vergessen.
– Empathisches Zuhören: Das bedeutet, daß Sie sich in die Situation des anderen versetzen. Wenn Sie die Dinge aus der Sicht Ihres Gesprächspartners sehen, verstehen Sie dessen Probleme besser.

16. Ihre Stimme offenbart Ihren Charakter. Wenn Sie wissen, wie Ihr Gesprächspartner denkt, können Sie Ihre Sprechweise und den Konversationsstil auf seine Bedürfnisse und Erwartungen einstellen. Genauso können Sie beim Zuhören versuchen, aus der Stimme etwas über den Charakter der anderen Person zu erfahren. Entspannen Sie sich, und lassen

Stellen Sie Ihre Stimme und Sprechweise auf die Kommunikationsbedürfnisse Ihres Gesprächspartners ein.

Sie in Ihrem Kopf ein Bild von der anderen Person entstehen. Solche intuitiv gesammelten Eindrücke sind oft erstaunlich genau:
– Wenn jemand schnell spricht, zeugt das von überdurchschnittlicher Intelligenz, wenn die Worte auch einen Sinn ergeben. Jemand, der schnell spricht, denkt gewöhnlich auch schnell. Sie können daher in kürzerer Zeit mehr Informationen vermitteln, ohne den anderen zu verwirren.
– Pausen, Stottern und Wiederholungen zeigen oft Ängstlichkeit oder Unentschlossenheit. Wenn Sie das spüren, müssen Sie langsamer sprechen, sobald es um wichtige Dinge geht. Vergewissern Sie sich, auch wirklich verstanden worden zu sein, denn Angst verringert erheblich die Konzentration und das Verstehen.

Vergewissern Sie sich, auch wirklich verstanden worden zu sein.

17. **Überlegen Sie**, welche Persönlichkeit die Sprache und Sprechweise Ihres Gesprächspartner vermittelt. Sie sparen Zeit und vermitteln Ihre Aussage genau und klar, wenn Sie sich auf sie einstellen können.
– **Befehlshaber:** Manche Menschen benutzen eine stark zielorientierte Sprache. Sie sprechen von »Vorausplanung«, »Fortschritte machen«, »Vormarsch«. Ihr Ton ist brüsk und geschäftsmäßig. Sie werden ungeduldig, wenn Sie zu langsam sprechen, und beenden das Telefongespräch, wenn der Zweck erfüllt ist.
Versuchen Sie, genauso direkt und pointiert zu sprechen. Vermitteln Sie klare Vorstellungen und zeigen Sie ohne viel Worte, wie Ihre Arbeit dem anderen helfen kann, seine Ziele zu erreichen.
– **Tröster:** Diese Menschen sprechen mehr von Intuitionen und Gefühlen. Sie beginnen ihre Sätze mit »Mein Gefühl ...« oder »Nach meiner Überzeugung ...« Sie sprechen eher langsam und ruhig und hören sorgfältig zu. Für sie haben geschäftliche Gespräche auch eine persönliche Komponente. Lassen Sie sich bei solchen Gesprächspartner dafür Zeit.
– **Energiebündel:** Sie benutzen Wörter und Sätze, die Kraft und Enthusiasmus vermitteln. »Das klingt großartig« oder »Das ist wirklich ein sehr spannendes Projekt ...« können Sie

von ihnen hören. Energiebündel sprechen schnell, drängend, gespannt. Sie genießen Abwechslung im Gespräch und langweilen sich schnell. Haben Sie keine Angst, verschiedene Themen im Gespräch anzusprechen oder lebhaft und enthusiastisch von einem zum anderen zu springen.
– **Planer:** Für diese Menschen sind Fakten und Zahlen von entscheidender Bedeutung. Sie benutzen Sätze wie »Wenn wir die Fakten anschauen ...« oder »Logischerweise müssen wir ...« oder »Ich stelle mir das so vor ...«. Sie sprechen langsam, sorgfältig und überlegt, korrigieren sofort jeden Fehler, den sie machen. Vermeiden Sie ein persönliches Gespräch, und diskutieren Sie die wichtigen Fakten möglichst genau. Sprechen Sie klar und emotionslos.

18. Führen Sie ein persönliches Telefonbuch, in dem Sie nicht nur die Nummer, sondern alle persönlichen Informationen eintragen, die Sie im Gespräch erhalten. Auf Seite 66 finden Sie ein Formular, das Sie kopieren können. Halten Sie immer leere Blätter davon bereit, und sortieren Sie die ausgefüllten in alphabetischer Reihenfolge. Sie haben davon mehrere Vorteile:
– Sie haben immer zu allen wesentlichen Daten Zugang und müssen nicht in verschiedenen Akten oder Verzeichnissen, schlimmstenfalls im Telefonbuch nachsehen.

Ein persönliches Telefonbuch, in dem nicht allein die Rufnummern stehen, spart Zeit und verbessert die Kommunikation mit den Geschäftspartnern.

– Sie wissen, wer für eine Anfrage oder ein Problem zuständig ist und können diesen Menschen direkt erreichen.
– Sie vermeiden, die falsche Nummer zu wählen oder falsch verbunden zu werden.
Und schließlich hilft es Ihnen, eine engere Beziehung zu Kunden und Lieferanten aufzubauen.
Notieren Sie den Namen und die Adresse der Firma, die Telefonnummer und Durchwahl der Person, die Sie erreichen wollen. Dazu den Namen und wie man ihn ausspricht sowie die Position des Gesprächpartners in seiner Firma. Schauen Sie sich Ihre Notizen an, bevor Sie jemanden anrufen, damit Sie möglichst erfolgreich telefonieren können. Falls Sie durch den Anruf etwas Neues erfahren, tragen Sie die neuen Informationen sofort nach Beendigung des Gesprächs in Ihr Telefonbuch ein. Vergessen Sie nicht die persönlichen Einzelheiten wie Namen und Alter der Kinder, Hobbys, Interessen, Vorlieben und Abneigungen. Eine geschäftliche Beziehung kann durch solche Informationen wesentlich verbessert werden, wenn Sie sie vernünftig verwenden.

Schreiben Sie neue Informationen sofort auf!

Telefonbuch

Name: Firma:

Stellung, Aufgabenbereich:

Telefon: (Büro) (privat)

(Handy)

(e-Mail)

Fax:

Datum erster Anruf:

Persönliche Einzelheiten:

Bemerkungen:

19. Nutzen Sie Anrufbeantworter so gut wie möglich, denn Sie werden ihnen vor allem bei kleinen Firmen immer wieder begegnen. Anrufbeantworter können eine Menge Zeit sparen, aber auch zur Zeitverschwendung beitragen, wenn wichtige Anrufe verloren gehen. Aus fünf Gründen fällt es Menschen oft schwer, auf Anrufbeantworter zu sprechen:

– **Angst vor der Technik:** Manchen Menschen ist es nur unangenehm, für manche gibt es nichts Schlimmeres, als auf Band zu sprechen. Solche Menschen legen entweder auf, oder sie stammeln einige Worte auf Band. Dabei vergessen sie ihren Namen und die Telefonnummer, so daß sie nicht zurückgerufen werden können. Wenn Sie diese Probleme haben, müssen Sie Ihren Anruf vorher planen. Falls Sie von einem Anrufbeantworter überrascht werden, legen Sie am besten wieder auf und überlegen sich, was Sie sagen möchten, schreiben das auf und rufen noch einmal an. Vergessen Sie niemals Ihren Namen und Ihre Telefonnummer, Zeit und Datum des Anrufes auf Band zu sprechen.

– **Unartikuliertes Sprechen:** Viele Menschen brauchen Zeit, um sich in ein Gespräch einzustimmen, sich warmzureden. Bei Anrufbeantwortern besteht diese Möglichkeit nicht. Wenn Sie zu diesen Menschen gehören, versuchen Sie, sich möglichst kurz zu fassen, aber dennoch Ihre Wünsche an den Angerufenen auszusprechen, zum Beispiel, daß Sie zurückgerufen werden möchten.

– **Fehlende Zeit:** Das Bewußtsein, daß ein Band nicht endlos ist, macht manche Menschen nervös. Sie befürchten, daß die Zeit nicht reicht, um alles sagen zu können. Deswegen vergessen sie leichter wichtige Einzelheiten. Sie können sich davor schützen, indem Sie zu vergessen versuchen, daß Sie auf einen Anrufbeantworter sprechen. Stellen Sie sich vor, wie Ihnen die Person am anderen Ende der Leitung zuhört (und manchmal tut sie es ja auch).

Haben Sie keine Angst vor der Aufzeichnung: Sprechen Sie, als würde tatsächlich ein Mensch zuhören.

– **Angst vor der Aufzeichnung:** Einige Anrufer haben Angst, daß ihr Zögern und ihre Fehler aufgezeichnet werden. Falls Sie zu diesen gehören, können Sie sich helfen, indem Sie sich hinterher immer ein positives Feedback geben. Notieren Sie alle Dinge, die Sie richtig gemacht haben. Wenn etwas weniger gut gelaufen ist, dann suchen Sie den Grund dafür. Sie finden sicher einen Weg, es das nächste Mal besser zu machen. Wenn Sie selber einen Anrufbeantworter haben, sollten Sie die Nachrichten auf Schwächen und Stärken hin analysieren.

– **Angst vor einem Mißverständnis:** Manche Menschen befürchten, daß die Informationen oder Anweisungen, die sie auf Band sprechen, mißverstanden werden. Obwohl es verhältnismäßig unwahrscheinlich ist, verschwenden sie Zeit, indem sie warten, bis sie die Person selber sprechen können. Auch hier hilft es, kurze genaue Mitteilungen zu hinterlassen. Buchstabieren Sie Namen und Adressen mit dem Anton/Berta-Code wenn sie schwieriger sind. Wiederholen Sie immer Zahlen, Daten und Zeiten. Sprechen Sie langsam. Wenn eine Information komplex ist, hinterlassen Sie möglichst eine Telefonnummer, unter der Sie bei Rückfragen zu erreichen sind.

Beenden Sie das Telefonat rechtzeitig, bevor Sie Ihren Gesprächspartner langweilen.

20. **Ein Gespräch zum richtigen Zeitpunkt** zu beenden ist genauso wichtig, wie es korrekt zu beginnen. Wenn Sie zu lange sprechen, verwirren oder langweilen Sie Ihren Gesprächspartner. Sie beenden ein Gespräch richtig, wenn Sie:

– höflich sind: Wiederholen Sie in Ihrem letzten Satz noch einmal den Namen des Gesprächspartners, besonders dann, wenn Sie ihn nicht gut kennen.

– entschlossen sind: Lassen Sie sich nicht in eine unwichtige Diskussion verstricken. Falls es dennoch geschieht, halten Sie einige plausible Antworten bereit, wie: »Tut mir leid, ich habe noch ein Gespräch in der anderen Leitung.« Wenn Sie das positiv vermitteln können, wird der andere es verstehen.

– es wirklich beenden: Legen Sie auf und denken Sie über den nächsten Anruf oder die nächste Aufgabe nach, die Sie zu erledigen haben.

Wie man Anrufern Zeit spart

Sie sollten nicht nur darauf achten, Ihre eigene Zeit nicht am Telefon zu verschwenden, sondern auch daran denken, die

Zeit der anderen nicht zu lange zu beanspruchen. Wenn Sie angerufen werden, sollten Sie folgende Regeln beachten:

1. **Lassen Sie das Telefon** nicht mehr als dreimal klingeln, bevor Sie abheben. Ansonsten können Sie einen Kunden verlieren, dem es zu lange dauert, oder ein negatives Bild von Ihrer Firma vermitteln.

2. **Jeder im Büro** sollte sich für das Telefon verantwortlich fühlen. Das bedeutet, daß jeder Mitarbeiter wissen muß, wie man die Telefonanlage bedient und wie man richtig telefoniert. Anfragen sollten beantwortet werden können, und bei speziellen Anliegen muß der richtige Ansprechpartner bekannt sein.

Jeder Mitarbeiter muß wissen, wie man die Telefonanlage bedient.

3. **Für die Aufnahme und Weitergabe** von Nachrichten braucht man bestimmte Regeln. Schreiben Sie immer die Telefonnummer des Anrufers auf, selbst wenn dieser versichert, daß seine Nummer der Person bekannt sei, die er zu sprechen wünscht.
Anrufe sollten auf dieselbe Weise entgegengenommen werden: »Guten Morgen/Tag/Abend, hier spricht (Telefonnummer oder/und Name der Firma), Gabi Meier, was kann ich für Sie tun?«
Dabei ist die Struktur der Antwort wichtig. Wenn Sie »Guten Morgen« wünschen, kann der Anrufer seine Aufmerksamkeit auf Sie richten. Denn während er darauf gewartet hat, daß Sie abheben, sind seine Gedanken vielleicht abgeschweift. Deshalb wird er vielleicht darum bitten, den Namen der Firma zu wiederholen. Schließlich ist für ihn wichtig zu wissen, ob er richtig verbunden ist oder sich verwählt hat. Wenn Sie Ihren Namen nennen, schafft das gleich eine persönliche Atmosphäre.

4. **Heben Sie niemals ab,** wenn Sie gerade essen oder trinken oder in einer Besprechung sitzen. Entweder bitten Sie jemand anderen, das Telefon abzuheben, oder Sie widmen Ihre volle Aufmerksamkeit dem Telefongespräch.

Telefonieren Sie entweder mit voller Aufmerksamkeit oder gar nicht!

5. Halten Sie nie mit der Hand den Hörer zu, wenn Sie mit jemandem im Raum sprechen. Das macht einen unprofessionellen und provinziellen Eindruck.

6. Wenn Sie versprechen zurückzurufen, sollten Sie das auch tun. Nachrichten auf dem Anrufbeantworter unbeantwortet zu lassen schreckt potentielle Kunden mehr ab als alles andere.

7. Wenn Sie auf eine Frage oder ein Problem keine Antwort wissen, sollten Sie das zugeben und versprechen, zurückzurufen, sobald Sie über die fehlenden Informationen verfügen.

Danken Sie dem Anrufer für seine Mühe.

8. Danken Sie dem Anrufer immer dafür, daß er sich die Mühe gemacht hat, Sie anzurufen.

9. Geben Sie Anrufern die Möglichkeit, zuerst aufzulegen. Wenn man den Hörer als erster auflegt, ohne angerufen zu haben, gibt das dem Gespräch eine unfreundliche Note.

Jetzt sollten Sie noch einmal Ihre Zeitprotokolle durchsehen und notieren, wie oft Sie von unwichtigen Telefongesprächen bei Aufgaben mit hoher Priorität unterbrochen worden sind. Überlegen Sie dann genau, mit welchen Maßnahmen Sie diesen Zeiträuber in Zukunft davon abhalten, Ihre Zeit zu stehlen.

8 Verkürzen und nutzen Sie Wartezeiten!

Denkt an das fünfte Gebot: Schlagt eure Zeit nicht tot!
Erich Kästner

Manchmal wird Ihre Zeit von anderen Menschen verschwendet: Man läßt Sie warten. Dagegen können Sie sich oft kaum wehren. Andere Menschen benutzen Ihre Zeit als Waffe in internen Machtkämpfen. Je höher jemand in der Rangordnung steht, desto mehr kann er die Zeit anderer Menschen ungestraft verschwenden. Wenn Sie ganz oben stehen, können Sie Ihre Termine nach Ihren Bedürfnissen einrichten und, wenn nötig, die anderen Mitarbeiter endlos warten lassen.

Je höher jemand in der Rangordnung steht, desto mehr kann er die Zeit anderer Menschen verschwenden.

Machtkämpfe – das Spiel des Wartenlassens

Einige Chefs in großen Unternehmen lassen ihre Mitarbeiter absichtlich warten, um ihren höheren Rang in der Hierarchie zu betonen. Aber auch an amerikanischen Universitäten gibt es ungeschriebene Regeln, nach denen ein Student zehn Minuten auf einen Assistenten, zwanzig Minuten auf einen Dozenten und dreißig Minuten auf einen ordentlichen Professor warten muß. Wenn man Sie länger als fünfzehn Minuten ohne Entschuldigung oder Erklärung warten läßt, müssen Sie damit rechnen, daß die Person, mit der Sie verabredet sind, Sie absichtlich warten läßt. Es gibt natürlich Ausnahmen, aber Untersuchungen haben gezeigt, daß es eine weitverbreitete Taktik ist, den Besucher zu benachteiligen, indem man ihm zeigt, daß er nicht gleichgestellt ist. Einem Verkäufer, der länger als fünfzehn Minuten wartet, wird signalisiert: »Du brauchst mich mehr als ich dich. Du bist weniger wichtig, ein Bittsteller, und wenn du etwas von mir willst, hast du meine Bedingungen zu akzeptieren.« Wenn der Verkäufer es zuläßt, sein Vertrauen oder Selbstwertgefühl durch diese Taktik erschüttern zu lassen, ist er in einer wesentlich schlechteren Position als zuvor.

Auf ein derartiges Verhalten können Sie eigentlich nur auf drei verschiedene Weise reagieren:

Lassen Sie vor allem nicht Ihr Selbstvertrauen erschüttern, wenn Sie warten müssen.

1. Sie versuchen, den Gegner zu beherrschen: Das ist ein Spiel mit ungewissem Ausgang, bei dem es Gewinner und Verlierer gibt. Wenn Ihre Strategie nicht funktioniert, werden Sie verlieren.

2. Sie unterwerfen sich dem Gegner: Bei solchen Begegnungen gewinnt die andere Person das, was Sie scheinbar verlieren. Ich betone scheinbar, denn manchmal ist es nicht schlecht, etwas zu verlieren, um später einen größeren Vorteil zu erlangen. Die Strategie ist vergleichbar mit dem Bauernopfer beim Schach, bei dem man eine unwichtige Figur opfert, um die eigene Position zu verbessern.

3. Sie kooperieren mit dem Gegner. Am Ende von solchen Begegnungen hat jeder das Gefühl, etwas gewonnen zu haben, und kann zufrieden weggehen. Aber Sie sollten nicht vergessen, daß während einer solchen Begegnung Situationen aufkommen können, in denen Sie den anderen beherrschen oder sich ihm unterwerfen müssen, um insgesamt ein positives Ergebnis für beide zu erreichen. Sie müssen dabei flexibel sein und bereit, kleine Zugeständnisse zu machen.

Es ist wichtig, diese Punkte im Kopf zu haben, wenn Sie überlegen, wie Sie am besten damit umgehen, sobald man Sie unnötig warten läßt.

Was tun, wenn man Sie warten läßt?

Soll man gehen, wenn man länger als fünfzehn Minuten warten muß?

Wenn man Sie bei einem Termin länger als fünfzehn Minuten ohne Entschuldigung oder Angabe von Gründen warten läßt, hängt das, was Sie tun können, von drei Faktoren ab:

– Ihr Status im Verhältnis zur anderen Person,

– der Grund, weshalb Sie die Person treffen möchten,
– das übergeordnete Ziel, das Sie durch diese Besprechung erreichen möchten.

Wenn Sie der Person gleichgestellt entgegentreten wollen und sich das leisten können, dann sollten Sie nach fünfzehn Minuten gehen – es sei denn, Sie haben eine zufriedenstellende Entschuldigung erhalten. Um keine weitere Zeit zu verschwenden, erklären Sie im Vorzimmer, daß Sie nicht länger warten können und anrufen werden, um einen neuen Termin abzusprechen. Bitten Sie, diese Nachricht an die betreffende Person weiterzuleiten, und achten Sie darauf, daß es auch wirklich geschieht. Folgendes kann nun passieren:

1. Die Person, die Sie treffen möchten, wird Sie sofort hereinbitten. Das ist das beste Ergebnis, denn es neutralisiert den Vorteil, den der andere erlangt hat, und befreit Sie von weiterem Warten.

2. Eine glaubhafte Erklärung für die Verspätung wird überbracht, und man versichert, daß Sie nicht mehr lange warten müssen. Akzeptieren Sie, noch einige Minuten länger zu bleiben, denn jetzt kann der andere nicht mehr von dem Vorteil profitieren, den er durch Ihr Warten erlangt hat.

3. Sie bekommen keine Antwort. Wenn das passiert, ist Ihre Taktik fehlgeschlagen. Sie müssen sich nun an Ihr Ultimatum halten und gehen. Wenn Sie dennoch bleiben, ist der Gesichtsverlust so groß, daß Sie aus aus der Verhandlung wahrscheinlich keinen Nutzen mehr ziehen können, selbst wenn der andere zugibt, für die Verzögerung verantwortlich gewesen zu sein.

Sie werden eine Reihe von Gelegenheiten erleben, bei denen Sie keine Antwort erhalten. Wenn die andere Person eine höhere Position innehat, ist die Besprechung für Sie von größerer Bedeutung als umgekehrt. Dann bleibt Ihnen nichts, als das Machtspiel mitzuspielen.

Manchmal müssen Sie das Machtspiel mitspielen.

Lassen Sie sich nicht von unhöflichem Verhalten beeindrucken oder Ihr Selbstvertrauen oder Selbstwertgefühl beeinflussen. Es genügt, daß Sie die Realität anerkennen – Sie sind in diesem Fall der Bittsteller. Arbeiten Sie, während Sie warten. Und wenn Sie schließlich hereingerufen werden, las-

sen Sie einige Minuten vergehen, bis Sie das Telefongespräch beendet, eine Berechnung fertigestellt oder den Bericht eingeordnet haben.
Dadurch senden Sie ein kleines, aber bedeutsames Signal und gehen mit einem psychologischen Plus in die Verhandlung.

Wie Sie Zeit sparen, wenn Sie warten müssen

Bestätigen Sie immer vorher den Termin.

1. **Bestätigen Sie** immer vorher Ihren Termin, besonders wenn das Treffen auf der anderen Seite der Stadt verabredet wurde. Manche Verkäufer verzichten darauf – aus Angst, eine Gelegenheit zu schaffen, ihren Termin abzusagen. Sie können dieses Risiko verringern, wenn Sie anrufen, um mitzuteilen, daß Sie bereits unterwegs sind. Selbst wenn Ihr Verhandlungspartner den Termin vergessen hat, wird er Sie normalerweise doch vorlassen. Man kann auch unmittelbar nach der Terminabsprache gleich einen Brief oder ein Fax schicken. Wenn die Terminabsprache länger als eine Woche zurückliegt, sollten Sie den Termin am entsprechenden Tag noch einmal bestätigen.

Versuchen Sie, die Zahl der Termine zu verringern.

2. **Legen Sie Ihre Termine so,** daß Sie lange Wege vermeiden. Manche Geschäftsleute fahren den ganzen Tag nur kreuz und quer durch die Stadt. Versuchen Sie, die Termine möglichst zusammenzulegen. Und verringern Sie die Zahl der Termine durch Briefe und Telefonate.

3. **Wenn Sie Ihren Besprechungsort** zu früh erreichen, sollten Sie immer erst fünf Minuten vor der Verabredung den Emp-

fang betreten. Diese Zeit reicht gewöhnlich aus, um Ihren Namen und Grund des Besuchs anzugeben, und den Weg zum entsprechenden Büro zu finden.

Wenn Sie zu früh eintreffen, senden Sie falsche Signale:

- Sie haben nicht genug zu tun, weil Sie nicht erfolgreich sind.
- Sie sind übereifrig. Die Besprechung und das Geschäft, um das es geht, sind für Sie sehr wichtig.

Es ist ebenfalls riskant, erst kurz vor dem vereinbarten Termin einzutreffen, denn Sie können durch eventuelle Verzögerungen am Empfang aufgehalten werden.

Kommen Sie nicht zu früh an.

4. **Verringern Sie Ihren Streß,** indem Sie sich einen Toleranzbereich schaffen. Sagen Sie nicht: »Ich bin um 15 Uhr 30 bei Ihnen«, sondern: »Ich komme gegen 15 Uhr 30«. Dadurch können Sie es sich problemlos erlauben, fünf Minuten früher oder später einzutreffen. Die Möglichkeit, eine Verabredung in dieser Form zu treffen, hängt natürlich von der Art des Geschäfts und Ihrem Verhältnis zu der Person ab, die Sie sprechen wollen. Aber in Zeiten häufiger Verkehrsstaus und Bahnverspätungen sind viele Menschen bereit, Ungenauigkeiten dieser Art zu akzeptieren.

5. **Wenn Sie ankommen,** machen Sie auf sich aufmerksam, indem Sie Ihren Namen und den der Person, die Sie sehen wollen, deutlich aussprechen. Dann warten Sie am Empfang, bis die entsprechende Person angerufen wird. In schlecht organisierten Firmen kann es sonst vorkommen, daß Sie übersehen werden.

Machen Sie auf sich aufmerksam.

6. **Beschäftigen Sie sich,** während Sie warten. Starren Sie keine Löcher in die Luft und lesen Sie nicht Zeitung. Sie verschwenden Zeit und vermitteln die falschen Signale. Sie haben anscheinend nichts Besseres zu tun, als am Empfang herumzuhängen – das verringert in den Augen der anderen Ihren Status. Beschäftigen Sie sich deshalb: Diktieren Sie einen Brief, arbeiten Sie an Berechnungen, lesen Sie Berichte oder Aktennotizen. Fragen Sie, ob Sie das Telefon benutzen dürfen – eine Bitte, die selten zurückgewiesen wird.

Beschäftigen Sie sich, während Sie warten.

9 Vertreiben Sie Besprechungsbanditen!

Sind Sie einsam? Hassen Sie es, Entscheidungen treffen zu müssen? Dann halten Sie eine Besprechung ab. Sie treffen andere Leute, wälzen Entscheidungen auf andere ab, fühlen sich wichtig und beeindrucken Ihre Kollegen. Besprechungen – die praktische Alternative zur Arbeit. Halten Sie heute eine ab!
Unbekannter Verfasser

Denken Sie immer lange und genau nach, ob eine Besprechung wirklich nötig ist. Wertvolle Zeit könnte in vielen Firmen gespart werden, wenn es gelänge, die Zeiträuber aus den Besprechungen zu verjagen.

Ist eine Besprechung wirklich nötig?

Wenn es möglich ist, sollten Sie Routineentscheidungen informell treffen. Besprechen Sie weniger wichtige Dinge im Gang, an der Kaffeemaschine, im Parkhaus. Erfahrungen zeigen, daß offizielle Besprechungen nur dann notwendig sind, wenn die Zukunft der Firma davon abhängt.

Man schätzt, daß in Großbritannien allein jeden Tag vier Millionen Stunden oder 450 Jahre Arbeitszeit durch Besprechungen verbraucht werden. Einige davon sind unvermeidbar, bei anderen wird die aufgewendete Zeit wie von schwarzen Löchern aufgesogen und hinterläßt keine Spuren. Aber eins haben alle Besprechungen gemeinsam: Sie könnten schneller und ergebnisreicher durchgeführt werden. Das heißt nicht, daß kein Mitarbeiter bei Besprechungen konstruktive Vorschläge machen oder nicht sorgfältig zuhören würde, daß keine wichtige Entscheidungen getroffen würden! Aber man begegnet auf Besprechungen immer noch zu vielen Menschen, die sich nur selbst verherrlichen und gern sprechen hören, Büropolitik machen, aus dem Fenster starren, dösen und darauf warten, daß der Kaffee eintrifft.

Wie man Besprechungen nicht abhalten soll

Es gibt ja ganz ausgezeichnete Möglichkeiten, mit Besprechungen Zeit und Geld zu verschwenden:

1. »Und was machen wir jetzt?«
Fehlende Vorbereitung führt zu einer Besprechung, in der ziel- und planlos geredet wird. Jeder Teilnehmer einer Besprechung muß wissen, warum er da ist und was von ihm erwartet wird.

Fehlende Vorbereitung führt zu ziellosem Gerede.

2. »Dienstag ist Besprechungstag.«
Die schlimmsten Zeiträuber sind regelmäßige Besprechungen, die aus Gewohnheit und ohne zwingende Gründe stattfinden. Dahinter steckt die Vorstellung, daß es eine gute Idee sei, »das Team zusammenzubringen«. Vermeiden Sie die regelmäßige Sitzung, indem Sie fragen: »Welches Ziel wird durch diese Besprechung erreicht?«

Halten Sie Besprechungen nur aus guten Gründen ab!

3. «Weiß eigentlich einer, worum es jetzt geht?«
Kommunikationsstörungen können vor, während oder nach Besprechungen auftreten. Mißverständnisse entstehen, wenn Teilnehmer schlecht vorbereitet sind. Wenn die Themen der Besprechung nicht klar sind, führt das zu unnötigen Diskussionen, versäumten Gelegenheiten und Frustationen.

4. »Wir müssen das Risiko eingehen ...«
Gruppen nehmen mehr Risiken in Kauf als Einzelpersonen. Psychologische Untersuchungen haben gezeigt, daß in Besprechungen leichter risikoreiche Entscheidungen getroffen werden. Eine Reihe von Erklärungen lassen sich dafür anführen, etwa, daß man in der Gruppe die Verantwortung auf andere schieben kann. Auch kann ein risikofreudiger, charismatischer Führer die Teilnehmer leichter von seinem Standpunkt überzeugen.
Paradoxerweise sind Gruppen dennoch manchmal unfähig, eine Entscheidung zu treffen, und diskutieren ein Thema endlos.

5. »Das ist Sache der Experten ...«
Besprechungen vergeuden Zeit und Geld, wenn Ressourcen falsch genutzt werden. Das passiert, wenn auf der Grundlage von ungeprüften Annahmen diskutiert wird. Besonders gefährlich ist es, wenn sich Besprechungsteilnehmer mit Meinungen von Experten nicht kritisch auseinandersetzen wollen. Der Grund dafür liegt am Unwillen, sich ausreichend vorzubereiten. Dadurch kann derjenige seine Meinung durchsetzen, der in der Gruppe dominiert.

Achten Sie darauf, daß Besprechungsergebnisse auch umgesetzt werden!

6. »Wenn da Zweifel bestehen, machen wir lieber nichts ...«
Da die meisten Menschen prinzipiell keine Veränderungen lieben, werden viele Entscheidungen, die auf Besprechungen getroffen werden, gar nicht in die Tat umgesetzt. Die Aktivität kurz nach der Besprechung flaut schnell ab. Diejenigen, die es bevorzugen, daß alles wie bisher weiterläuft, können leicht den Status quo wieder herstellen.

Wie man bei der Organisation von Besprechungen Zeit spart

Da die Vorbereitung einer Besprechung über ihren Erfolg entscheidet, sollten Sie sich die Zeit nehmen, elf Punkte zu bedenken, wie man eine Besprechung so organisiert und durchführt, daß mit ihr keine Zeit und Kraft vergeudet wird.

1. Setzen Sie sich ein klares Ziel!

Fragen Sie sich, welches Ziel die Besprechung hat!

Fragen Sie sich: Welchen Zweck hat die Besprechung? Soll man durch sie:
- eine Entscheidung treffen?
- ein Problem analysieren oder lösen?
- Informationen erhalten?
- Daten über den Stand eines Projektes sammeln?

Schreiben Sie das Ziel so auffällig an die Tafel, daß alle Besprechungsteilnehmer es sehen können.

2. Geben Sie jedem Teilnehmer eine Tagesordnung!

Jeder Teilnehmer sollte einige Zeit vor dem Termin eine Tagesordnung bekommen, ganz gleich, wie lang die Besprechung sein wird. So kann jeder sich vorbereiten, und die Besprechung endet nicht in einer allgemeinen Diskussion. Stellen Sie die Tagesordnung am Anfang der Sitzung kurz vor und beginnen Sie dann sofort mit Punkt 1.

3. Halten Sie die Zahl der Teilnehmer möglichst niedrig!

Laden Sie nur die ein, die wirklich nötig sind. Berechnen Sie die Kosten der Besprechung, und schreiben Sie die Zahlen ebenfalls an die Tafel.

4. Fangen Sie nicht zur vollen Stunde an!

Legen Sie Anfang und Ende der Besprechung fest!

Untersuchungen haben gezeigt, daß Menschen pünktlicher sind, wenn eine Besprechung nicht zur vollen Stunde anfängt. Viele Menschen kommen pünktlicher, wenn der Beginn auf 10 Uhr 10 angesetzt ist. Genauso sollten Sie das Ende der Besprechung bereits vorher festlegen und sich dann daran halten.

5. Wenn die Tagesordnung kurz ist, kann jeder stehen!
Bei kurzen Besprechungen ist es üblich geworden, vorher die Stühle aus dem Raum zu entfernen, so daß die Besprechungsteilnehmer stehen müssen. Das hat den Vorteil, daß die Teilnehmer besser aufpassen, wenn Sie stehen, und niemand die Besprechung unnötig verlängern möchte, so daß die Tagesordnung schnell abgehandelt wird.

6. Benutzen Sie die »Sprechball«-Technik!
Wenn Sie bei einer Besprechung Probleme mit der Disziplin haben, lassen Sie einen Gummiball in der Gruppe herumwandern. Nur derjenige darf reden, der ihn gerade in den Händen hält.

7. Prüfen Sie durch Probeabstimmungen, ob es einen Konsens gibt!
Manchmal reden Menschen nur, um etwas zu sagen, und vertreten eine Gegenposition aus Gründen, die nichts mit der Sache zu tun haben. Manche glauben, sich zu profilieren, indem sie den *advocatus diaboli* spielen. Wenn Sie das merken, hilft oft eine Probeabstimmung. Bei allgemeiner Übereinstimmung können Sie dann sofort auch formal abstimmen lassen, anstatt weiter Zeit mit einer unnötigen Debatte zu verschwenden.

Sorgen Sie für Disziplin!

8. Pobieren Sie es mit der japanischen *Nemawashi*-Technik!
In Japan werden manchmal Besprechungen abgehalten, um Besprechungen vorzubereiten. Damit soll kein exponentielles Wachstum von Besprechungen eingeleitet werden, aber es kann sehr viel Zeit sparen. In kleinen Gruppen diskutieren Spezialisten kurz das Problem, welches ein Delegierter dann bei der Hauptbesprechung vorträgt. So löst man Probleme vorher. In der Besprechung braucht man dann nicht mehr darüber zu diskutieren, sondern nur noch abzustimmen.

9. Wecken Sie Interesse durch sorgfältige Planung!
Üben Sie einen positiven Einfluß auf die Erwartungen und Einstellungen der Teilnehmer aus, indem Sie:

– jeden verpflichten, sich vorzubereiten. Kündigen Sie beispielsweise an, daß jeder fünf Minuten lang die Probleme seines Projektbereichs präsentieren soll.
– während der Besprechung die Redner auf das Geratewohl aufrufen.
– jeden fühlen lassen, daß seine Mitarbeit und Teilnahme wichtig ist und wichtige Informationen bei der Bespechung gegeben werden.

10. Vermeiden Sie längere Dialoge
Wenn zwei Teilnehmer sich festbeißen, ein Problem zu zweit diskutieren und die restliche Gruppe ausschließen, unterbrechen Sie die beiden und vertagen ihr Gespräch. Dann kehren Sie zum Hauptthema zurück, ohne eine weitere Unterbrechung zuzulassen.

Vermeiden Sie längere Dialoge zwischen Besprechungsteilnehmern.

11. Schließen Sie die Besprechung mit der Aufforderung zu handeln
Ermutigen Sie alle Teilnehmer, die Besprechungsergebnisse in Handlungen umzusetzen, und machen Sie klar, daß Sie beabsichtigen, sich an das Besprochene zu halten und danach die Arbeit zu beurteilen.

Besprechungstermine im Computer

Richten Sie einen Plan mit allen Besprechungsterminen im Hauptcomputer so ein, daß jeder ihn abrufen kann. Das erleichtert und beschleunigt den Informationsfluß zwischen Mitarbeitern.

Nutzen Sie den Computer, um über Besprechungstermine zu informieren.

Wie man Besprechungen mit großer Teilnehmerzahl organisiert

Wenn mehr als ein Dutzend Mitarbeiter an der Besprechung teilnehmen, müssen Sie die unten angeführten Punkte zusätzlich beachten, um Langeweile und Konzentrationsschwierigkeiten zu verhindern:
– Rufen Sie abwechselnd Mitarbeiter mit verschiedenen

Die Zuhörer müssen gespannt sein, wie sich die Besprechung entwickelt.

BRAINSTORMING

Stimmen auf, so daß sich die Zuhörer nicht zu sehr an eine Sprechweise gewöhnen.

– Ändern Sie beständig das Tempo und den Stil der Besprechung. Die Zuhörer müssen gespannt sein und dürfen nicht den weiteren Verlauf der Besprechung vorhersehen können.

Tafelbilder, Overhead-Folien und andere visuelle Eindrücke erhöhen das Interesse der Zuhörer.

– Lassen Sie nicht zu, daß ein oder zwei Redner die Zuhörer einschläfern. Probleme können auch von Teams oder durch eine Podiumsdiskussion präsentiert werden.

– Wechseln Sie in den Themen der Referate ab, damit nicht zuviel Statistik, zuviel Technik, zuviel Finanzierungsfragen hintereinander ermüden.

– Bauen Sie weniger wichtige Themen zwischen die Hauptthemen ein.

– Bilden Sie Kleingruppen, damit jeder etwas beitragen kann.

– Visualisieren Sie die Probleme durch Dias, Videos und Overhead-Folien. Wechseln Sie ab! Farbe erhöht das Interesse und die Aufmerksamkeit der Zuhörer.

Beenden Sie Ihre Karriere als Besprechungsbandit

Halten Sie sich an die folgenden Regeln, wenn Sie an einer Besprechung teilnehmen.

1. **Seien Sie** pünktlich: Verschwenden Sie nicht die Zeit der anderen, die auf Sie warten müssen.

2. **Bereiten Sie** sich vor: Prüfen Sie, ob Sie alle wichtigen Dokumente und Informationen dabei haben.

Haben Sie alles dabei, wenn Sie zu einer Besprechung gehen?

3. **Gehen Sie** nur hin, wenn Sie wirklich gebraucht werden: Fragen Sie sich, ob Ihnen die Besprechung helfen kann, ein Ziel zu erreichen. Wie sieht die Kosten-Nutzen-Rechnung aus?

4. **Machen Sie** mit: Beteiligen Sie sich an der Diskussion. Sitzen Sie nicht still daneben, während andere die Probleme zu lösen versuchen.

5. **Hören Sie** zu: Viel Zeit wird verschwendet, wenn Sie nicht sorgfältig zuhören. Sie müssen nachfragen, wiederholen Punkte, die schon längst abgehandelt sind. Lernen Sie aktiv zuhören, wie in Kapitel 7 auf S. 63 beschrieben.

6. **Sprechen Sie** über wichtige Dinge: Prüfen Sie, ob Ihre Bemerkungen, Kommentare und Vorschläge tatsächlich die zentralen Themen betreffen oder nur Ihren Verstand und Ihr Wissen vorführen sollen.

7. **Fassen Sie** sich kurz: Sagen Sie, was Sie zu sagen haben, und hören Sie dann wieder zu.

8. **Seien Sie** höflich: Unterbrechen Sie nicht, auch wenn Mitarbeiter Meinungen vortragen, die nicht richtig sind. Lassen Sie die anderen ausreden, bevor Sie Ihre Sichtweise darstellen.

Der Erfolg einer Besprechung hängt von Ihrer Mitwirkung ab.

9. **Orientieren Sie** sich an der Sache, nicht am Menschen: Viel Zeit wird in Besprechungen durch persönliche Angriffe verschwendet. Sie stören die Sitzung und sind unproduktiv. Zeit wird verschwendet, weil der andere gezwungen wird, sich zu verteidigen oder eine Gegenoffensive zu starten. Die Aufmerksamkeit anderer Teilnehmer richtet sich auf diesen Punkt, anstatt daß weiter konzentriert an den eigentlichen Themen gearbeitet wird.

10. **Werden Sie** nach der Besprechung aktiv: Wenn eine Entscheidung gefällt wurde, die auch Sie betrifft, dann setzen Sie sie auch um.

Neue Besprechungsformen

Besprechungen lassen sich auch am Computer durchführen.

Immer mehr firmeninterne Besprechungen werden an Videobildschirmen oder Computern abgehalten, ohne daß man sich begegnen muß. Ein Vorteil besteht darin, daß jeder an seinem Arbeitsplatz bleiben kann, obwohl er sich in einer anderen Stadt oder einem anderen Land befindet. An Computerkonferenzen können ohne Aufwand bis zu 35 Personen teilnehmen. Aber es gibt noch andere Vorteile:

– Es besteht kein Risiko, daß die Besprechung zum Stillstand kommt, weil ein Teilnehmer die Gruppe zu dominieren versucht. Denn alle Teilnehmer nehmen unter gleichen Bedingungen an ihr teil.

– Die Anonymität erleichtert es den Teilnehmern, Meinungen auszusprechen, die unorthodox sind oder ungern gehört werden. Jeder kann ehrlich seine Vorlieben und Abneigungen aussprechen.

– Brainstorming am Computer kann größere Originalität und Kreativität freisetzen, wenn es in der Besprechung darum geht, neue Ideen und Lösungsmöglichkeiten zu finden.

– Da Computerkonferenzen emotional wenig aufgeladen sind, eignen sie sich zur Diskussion sensibler Themen, wie zum Beispiel Personalpolitik.

Weder Computer- noch Videokonferenzen eignen sich für Gespräche unter vier Augen, für Verhandlungen mit Gruppen, die kein Vertrauen in Managementtechnologie haben, für Expertenvorträge über ein einzelnes Thema.

Beim Reisen Zeit sparen

Ist Ihre Geschäftsreise wirklich nötig?

Ich habe schon erwähnt, daß man durch Geschäftsreisen viel Zeit verschwenden kann. Deshalb sollten Sie sich vor jeder Geschäftsreise fragen: Ist sie auch wirklich nötig?

Berechnen Sie vorher die Kosten!

Berechnen Sie die Kosten und überlegen Sie, ob Sie das Ergebnis nicht schneller und effektiver mit Hilfe von Telefon, Fax, E-Mail oder einer Videokonferenz erreichen.

Nutzen Sie die Reisezeit!

Wenn eine Geschäftsreise unvermeidbar ist, dann nehmen Sie das schnellste und komfortabelste Verkehrsmittel, das Ihr Budget erlaubt. Während Sie fahren oder gefahren werden, können Sie die Zeit nutzen, indem Sie zum Beispiel Lernkassetten hören, die Ihre beruflichen Fähigkeiten verbessern. Eine Reihe von Firmen produziert Zusammenfassungen und Auszüge der wichtigsten Publikationen auf Kassetten. Es gibt auch Kassetten, mit denen Sie Ihre Sprachkenntnisse oder Persönlichkeit weiterentwickeln können.

Zug, Auto oder Flugzeug?

Nehmen Sie das schnellste und komfortabelste Verkehrsmittel, das Ihr Budget erlaubt.

Wenn immer möglich, sollten Sie nicht das Auto, sondern den Zug benutzen. Die Bahn ist das günstigste Verkehrsmittel, und Sie können sich sowohl entspannen als auch arbeiten, nicht nur lesen, sondern auch schreiben. Im Zug können Sie sogar Ihr Laptop benutzen. Sorgen Sie dafür, daß Ihr Sitzplatz von Toilette und Speisewagen möglichst weit entfernt ist, da Sie dann nur selten gestört werden.

Auch beim Fliegen können Sie die Zeit für produktive Arbeit nutzen, selbst wenn Sie nur über eine Strategie oder eine Präsentation nachdenken. Wenn Sie arbeiten wollen, ist es besser, einen Fensterplatz zu haben. Dann müssen Sie nicht aufstehen, um Ihren Sitznachbarn vorbeizulassen, wenn er zur Toilette will.

Wenn Sie ein Laptop benutzen wollen, sprechen Sie das vorher mit der Fluggesellschaft ab. Manche Fluggesellschaften haben es aus Sicherheitsgründen verboten. Es ist außerordentlich frustrierend, wenn man nicht am Computer arbeiten darf, obwohl man es sich vorgenommen hat. Fragen Sie auch bei Handys und anderen Geräte, die die Elektronik des Flugzeugs stören könnten.

10 Schneller lesen, schneller schreiben ...?

... es wird im Jenseits keiner nach der Zahl der Bücher gefragt, die er bewältigt hat. Dumm ist es, unklug und schädlich, mit wertloser Lektüre Zeit hinzubringen.
Hermann Hesse

Das Schreiben und Lesen von Berichten, Aktennotizen, Briefen, Büchern, Zeitschriften, Entwürfen und anderen Geschäftsunterlagen beansprucht einen erheblichen Teil des Arbeitstages eines Managers.
Die wachsende Bürokratisierung, wachsende Zahl von Vorschriften und der Druck, Kenntnisse und Wissen beständig auf dem neuesten Stand halten zu müssen, verschlimmern die Situation immer mehr. Daher ist dieser Zeiträuber, der in Akten und Ablagen lauert und mit der Post ins Büro eindringt, besonders gefährlich.

Warum man langsam liest

Jeder kann schneller lesen lernen.

Glücklicherweise können wir unsere Kenntnis vom Lesen und Schreiben noch sehr stark verbessern. Untersuchungen haben gezeigt, daß sogar gebildete Menschen, die mit einer durchschnittlichen Geschwindigkeit von 200 Wörtern pro Minute lesen, fünfmal schneller lesen könnten. Sie würden den Inhalt eines Buchs statt in fünf Stunden in sechzig Minuten oder noch kürzerer Zeit erfassen.
Der Grund für die Langsamkeit liegt in der Art und Weise, wie uns in der Grundschule das Lesen vermittelt wurde. Es

durfte beim lauten Vorlesen kein Wort ausgelassen werden. Daher meinen Erwachsene oft immer noch, jedes Wort lesen zu müssen, und setzen in ihrem Kopf jedes Wort in Laute um. Beides ist weder notwendig noch wünschenswert. Das gedruckte Wort kann auch ohne die Transformation von Buchstaben in Laute verstanden werden. Und in jedem Text stecken zahllose überflüssige Wendungen, über die hinweggelesen werden kann.

Schnelles Lesen läßt sich leicht lernen

In jedem Text stehen zahlreiche überflüssige Wendungen.

Es ist nicht besonders schwer, seine Lesegeschwindigkeit beim Lesen von Sachtexten auf 800 bis 1000 Wörter pro Minute zu steigern. Texte mit komplizierten, technischen Inhalten müssen natürlich langsamer gelesen werden, um verstanden zu werden. Aber sie machen meistens nur einen kleinen Teil der Lesemenge aus, die ein durchschnittlicher Manager jede Woche bewältigen muß. Das Geheimnis des schnelleren Lesen besteht darin, an die Texte in der richtigen Weise heranzugehen.

Auch wenn es scheinbar nichts mit dem Thema zu tun hat, stellen Sie sich bitte jetzt vor, Sie würden eine unbekannte Insel erkunden. Sie hoffen, Bodenschätze oder einen guten Platz für eine Hotelanlage oder eine Kokosnußplantage zu finden. Sie könnten am Strand an Land gehen und in eine Richtung losmarschieren und sich einen Weg durch das Unterholz freihacken und zu allem Notizen machen. Wenn Sie an der anderen Seite angekommen sind, drehen Sie sich um und wiederholen das Ganze in einer anderen Richtung, bis Sie jeden Zentimeter der Insel untersucht haben. Obwohl es sehr gründlich ist, verschlingt dieses Vorgehen sehr viel Zeit und bringt Ihnen wahrscheinlich mehr Informationen, als Sie für Ihren Zweck wirklich brauchen.

Beginnen Sie nicht immer auf der ersten Seite!

Sehr viele Menschen wenden beim Lesen dieselbe Strategie an, beginnen auf der ersten Seite und lesen jede Zeile, jedes Wort auf jeder Seite, bis sie das Ende des Textes erreicht haben.

Eine zeitsparende Alternative bestünde darin, zuerst einmal die Insel aus der Vogelperspektive zu betrachten. Mit einem

Hubschrauber würden Sie aus großer Höhe versuchen, einen Überblick zu gewinnen, und anschließend weitere Einzelheiten im Tiefflug erkunden. Wenn Sie die Gebiete herausgefunden haben, die Sie interessieren, können Sie landen und sie genau untersuchen. Beim zeitsparenden Lesen wenden Sie eine ähnliche Strategie an.

Die Überflieger-Technik

Überfliegen Sie den Text wie eine Insel.

Bevor Sie einen Text lesen, sollten Sie sich drei wichtige Fragen stellen:
– »Aus welchem Grund lese ich den Text?«
– »Welches meiner Ziele kann ich besser erreichen, wenn ich diesen Text lese?«
– »Gibt es einen besseren Weg, mein Ziel zu erreichen?«
Wenn Sie keinen Grund haben, den Text zu lesen, dann lassen Sie ihn einfach weg (vgl. Kapitel 3 auf S. 24/25).
Wenn Sie finden, daß er wert ist, weiter untersucht zu werden, versuchen Sie zuerst, einen umfassenden Überblick zu bekommen. Überfliegen Sie den Text, blättern Sie schnell die Seiten durch, um einen Eindruck über den Inhalt und die Struktur des Buches zu gewinnen – Kapitel, Überschriften, Tabellen, Illustrationen –, was man eben aus großer Höhe wahrnehmen kann. Vermerken Sie sich bei diesem anfänglichen Überfliegen die Teile, die für Sie von besonderer Bedeutung sein können.
Danach überlegen Sie sich noch einmal, ob das Material wirklich gelesen werden muß. Wenn ja, dann verschaffen Sie sich eine Vorstellung davon, in welcher Weise brauchbare Informationen in dem Schriftstück auftauchen, damit Sie bei Ihrer Erkundung nicht vom Weg abkommen.

Bedürfnisorientiertes Lesen

Passen Sie den Lesestoff Ihren Bedürfnissen an!

Dann überlegen Sie, was Sie zuerst lesen müssen und welche Informationen Sie zuerst brauchen, und ordnen die entsprechenden Abschnitte je nach Ihren Bedürfnissen neu an. Anschließend können Sie die einzelnen Kapitel und Ab-

schnitte genauer prüfen, indem Sie eine Kombination der drei Methoden anwenden, die ich gleich beschreibe.
Der letzte Schritt besteht darin, in den einzelnen Abschnitten die wichtigen Sätze oder Wörter zu markieren, zu unterstreichen oder Bemerkungen an den Rand zu schreiben. Wenn Sie in dieser Form mit einem Text umgehen, verstehen Sie ihn nicht nur besser, sondern können Informationen leichter wiederfinden, die für Sie wichtig sind.

Tempowechsel beim Lesen

Wechseln Sie das Tempo, wenn Sie lesen – so wie Sie beim Autofahren in einen anderen Gang schalten –, um den verschiedenen Anforderungen gerecht zu werden, die ein Text an Sie stellt. Es gibt drei Lesegeschwindigkeiten:

Auch beim Autofahren passen Sie Ihre Geschwindigkeit den Straßenverhältnissen an.

– **Überfliegen – schnell:** Bei dieser schnellen Leseweise können Sie 800 Wörter pro Minute hinter sich bringen. Sie können Antworten auf einige W-Fragen erhalten:
– Wer hat etwas getan?
– Was ist passiert?
– Wann ist es passiert?
– Wo ist es passiert?

– **Durchsuchen – mittel**: Bei dieser Leseweise erreichen Sie Geschwindigkeiten von 400 – 800 Wörtern pro Minute. Sie versuchen dabei, vom Text längere Antworten auf schwierigere Fragen zu erhalten:
– Warum ist etwas passiert?
– Wie ist es passiert?

– **Erforschen – langsam:** Schließlich gibt es das kritische Lesen, bei dem Sie im Text die Einzelheiten und ihre Bedeutung untersuchen. Aber genau wie auf der Insel, wo Sie nur einige sorgfältig ausgewählte Quadratmeter zu Fuß erforschen, beschränken Sie sich auch beim Lesen auf eine begrenzte Menge von Text mit geringem Umfang, da diese Leseweise sehr viel Zeit erfordert.

Benutzen Sie beim Überfliegen oder Durchsuchen eine Tempokarte.

Führen Sie Ihre Augen rasch mit Hilfe dieser Karte oder eines weißen Papierblatts (oder auch Ihrer Hand) über den Text:

– Legen Sie die Karte oder Ihre Hand flach auf die Seite oberhalb der Zeile, mit der Sie zu lesen beginnen werden. Bewegen Sie das Papier mit nach unten, indem Sie immer die gerade gelesene Zeile zudecken. Das hält Sie von zeitverschwendendem Zurückschauen ab.

– Passen Sie Ihre Lesegeschwindigkeit an die Tempokarte oder Ihre Hand an, indem Sie sie langsamer oder schneller die Seite hinunterschieben. Vergewissern Sie sich, daß Ihre Augen dabei immer auf die Zeile unterhalb der Tempokarte gerichtet sind.

– Versuchen Sie nicht, die ganze Zeile zu lesen, sondern nur die Wörter in einer Zeile zu erkennen, über die Ihre Tempokarte die Augen führt.

Sie brauchen beim schnellen Lesen nur die Wörter zu erkennen.

Sie können diese Technik üben, indem Sie die Lesegeschwindigkeit langsam erhöhen. Setzen Sie sich dabei aber realistische Ziele, um eine positive Haltung zum Hochgeschwindigkeits-Lesen zu entwickeln und sich nicht zu verkrampfen.

Wie man die sechs häufigsten Arten von Geschäftstexten liest

Nun zu den Einzelheiten: Wie liest man die sechs häufigsten Arten von Geschäftstexten schneller? Zuerst muß man wissen, wo die Information steckt, die für einen am wichtigsten ist.

1. Wie man schneller Zeitungen und Zeitschriften liest:

Beginnen Sie beim Lesen einer Zeitschrift immer mit dem Inhaltsverzeichnis!

Beginnen Sie bei einer Zeitschrift immer mit dem Inhaltsverzeichnis und suchen Sie dort nach Artikeln, die Sie interessieren. Vergeuden Sie keine Zeit mit Blättern, sondern schlagen Sie gleich die entsprechenden Seiten auf; widerstehen Sie der Versuchung, interessante, aber für Ihre Aufgaben irrelevante Artikel zu lesen.

Schneiden Sie die wichtigen Artikel aus und ordnen Sie die

Ausschnitte in Mappen oder Ordner. Für jedes Thema haben Sie einen eigenen Ordner. Entsprechend Ihrer Tätigkeit führen Sie vielleicht einen mit Artikeln über »Marketingtechnik«, einen für »Neue Technologien« oder »Personalentwicklung«.

Wenn Sie mehr Material aus verschiedenen Quellen zu einem Thema gesammelt haben, sind Sie besser und umfassender informiert. Wenn Sie dann einen oder zwei dieser Hefter oder Ordner beständig mit sich führen, haben Sie immer eine Möglichkeit, »tote Zeit« sinnvoll zu nutzen – beim Warten, im Flugzeug oder im Zug.

Mehr Material aus verschiedenen Quellen informiert Sie besser.

Zeitungen und Zeitschriften enthalten drei verschiedene Arten von Artikeln:

– **Features und Reportagen:**
Durch diese Artikel sollen Sie informiert und gleichermaßen unterhalten werden. Sie bringen Hintergrundmaterial und illustrieren die Analyse mit Beispielen und Anekdoten. Sie beginnen üblicherweise mit einer subjektiven Erfahrung des Journalisten.
– Suchen Sie den Artikel nach Informationen ab, konzentrieren Sie Ihre Anstrengungen auf den Mittel- und Schlußteil, in dem die meisten Informationen und wichtigsten Erkenntnisse zu finden sind.
– Der erste und letzte Abschnitt kann ohne Verständnisverlust weggelassen werden, da hier nur Anekdoten oder Beispiele erzählt werden.

– **Kommentare und Leitartikel:**
Diese Artikel zeigen Ihnen, wie Sie über ein Problem denken können, und fordern Sie zu einer bestimmten Stellungnahme oder Handlung auf.
– Oft genügt es, nur die ersten Absätze zu lesen, in denen die wichtigsten Gedanken und Thesen formuliert sind, sowie den letzten Absatz, der den Artikel zusammenfaßt.
– Die Abschnitte dazwischen enthalten zu den Hauptthesen weitere Ausführungen und Argumente. Für das Verständnis des Problems sind sie nicht weiter erforderlich.

– Nachrichten und Berichte:
Diese Artikel enthalten mehr neue Informationen als die anderen Darstellungsformen.
– Die Nachrichten hat der Journalist nach ihrer Wichtigkeit geordnet. Am Anfang stehen die zentralen Informationen, zu denen im Laufe des Artikels immer mehr Einzelheiten angefügt werden. Sobald Sie das Gefühl haben, genug über ein Thema gelesen und es verstanden zu haben, können Sie aufhören.
– In einem Zeitschriftenmagazin schauen Sie sich zuerst die Graphiken und Tabellen an, um bereits vor dem Lesen einen Überblick über den Inhalt des Artikels zu gewinnen.

Wenn Sie bei einem Zeitungsbericht das Gefühl haben, alles zu wissen, was Sie brauchen, können Sie mit dem Lesen aufhören.

2. Wie man Aktennotizen und firmeninterne Nachrichten schneller liest:
Wenn Sie sich die Aktennotizen in Ihrer Firma ansehen, entdecken Sie vielleicht, daß sie alle ähnlich strukturiert sind: Die entscheidenden Informationen finden sich immer an der gleichen Stelle auf dem Papier.
– Verlieren Sie keine Zeit, sondern steuern Sie direkt darauf zu. Es ist selten nötig, alles zu lesen.
– Wenn Sie mehrere solcher Notizen lesen, sollten Sie sie nach ihrer Wichtigkeit ordnen. Legen Sie nach dem Lesen auf einen Stapel nach rechts die wichtigen Nachrichten, die unwichtigen nach links.

3. Wie man schneller Berichte liest:

Prüfen Sie das Inhaltsverzeichnis!

– Versuchen Sie zuerst, einen Überblick über die einzelnen Teile zu erhalten. Überfliegen Sie die Seiten und überprüfen Sie, ob das Inhaltsverzeichnis mit dem Bericht übereinstimmt oder ob vielleicht Zwischenüberschriften ausgelassen worden sind.
– Dann überlegen Sie, ob Sie mit den Informationen in dem Bericht etwas anfangen können. Hilft er Ihnen, etwas Neues zu erfahren, können Sie durch ihn ein Ziel leichter erreichen? Schreiben Sie sich ein eigenes Inhaltsverzeichnis mit den Fakten, die für Sie wichtig sind, notieren Sie, wo sie im Bericht zu finden sind.

– Ordnen Sie die Inhalte nach Ihren persönlichen Prioritäten neu.
– Überfliegen, durchsuchen, studieren Sie schließlich die Abschnitte des Textes, die für Sie wichtig sind – denken Sie aber immer daran, welchen Zweck Sie mit dem Lesen des Berichts verfolgen.

4. Wie man schneller technische Bedienungsanweisungen liest:
– Prüfen Sie zuerst: Welchen Zweck hat die Bedienungsanleitung? Wann ist sie anzuwenden? Wer ist davon betroffen? Welchem Ihrer Ziele kommen Sie näher, wenn Sie die Anweisung lesen?
– Überfliegen Sie das Material, um einen Eindruck zu bekommen, wie es strukturiert ist. Welche der Graphiken und Tabellen können beim Verständnis helfen? Wie kompliziert ist das Material?
– Überfliegen und durchsuchen Sie die einzelnen Abschnitte, aber halten Sie sich nicht zu lange damit auf.
– Achten Sie auf Fachausdrücke, technische Begriffe, Abkürzungen, Definitionen: Sind sie zum Verständnis des Textes nötig? Notieren Sie die unbekannten Worte auf einem Zettel und schauen Sie nach, was sie bedeuten, bevor Sie weiterlesen.

5. Wie man schneller technische Berichte, Bücher und Papiere liest:
Sechs Faktoren machen aus dieser Art von Text das zeitraubendste Material, das Sie zu lesen haben:
– Die Informationsdichte ist hoch, und es gibt wenig überflüssige Formulierungen. Das führt zu schneller geistiger Übermüdung.
– Die Texte setzen meistens erhebliches Wissen über das Fachgebiet voraus.
– Sie sind komplex und erfordern sorgfältiges Mitdenken.
– Es werden zahlreiche, oft unbekannte Fachausdrücke verwendet.
– Die Texte sind oft kleingedruckt, die Information in lange Sätze verpackt, die Abschnitte unübersichtlich gegliedert.

– Diagramme, Illustrationen, Tabellen und Formeln finden sich oft nicht an dem Platz, an dem sie etwas erklären sollen, sondern im Anhang.

Ist der Autor überhaupt eine Kapazität auf seinem Gebiet?

Wie immer sollten Sie sich zuerst überlegen, ob es für Sie überhaupt sinnvoll ist, den Text zu lesen. Fragen Sie sich:
– Was will ich/brauche ich vom Text?
– Gibt es eine andere Möglichkeit, das Wissen leichter zu erlangen?
– Ist das Niveau für mein Wissen zu hoch oder zu niedrig?
– Ist er oder sie eine anerkannte Kapazität in seinem Fachgebiet?
– Wie neu ist das Material? Denken Sie daran, daß Entwicklungen heute sehr schnell verlaufen. Manchmal ist ein Bericht bereits veraltet, wenn er gedruckt wird.
Wenn Sie sich aber entschlossen haben, ihn zu lesen, dann benutzen Sie am Anfang wieder die Überflieger-Technik:
– Versuchen Sie zuerst, sich einen Überblick über den Text zu verschaffen: Wie ist er strukturiert? Sind wichtige Grundlagen erklärt, oder wird deren Verständnis vorausgesetzt? Gibt es ein Glossar mit den wichtigsten technischen Begriffen? Ist das Inhaltsverzeichnis detailliert oder nur als Übersicht geschrieben? Ist es sinnvoll, sich zusätzlich ein eigenes Inhaltsverzeichnis anzulegen?

Wo werden Schlüsselbegriffe und Kerngedanken formuliert?

– Suchen Sie die Schlüsselbegriffe und Sätze, mit denen der Autor seine Kerngedanken formuliert. Wenn Ihnen einige davon unklar sind, sollten Sie sich bemühen, sie zu verstehen, bevor Sie weiterlesen. Oft finden Sie Erklärungen dazu im Vorwort, Glossar oder in der Zusammenfassung.
– Lesen Sie zuerst die Einleitung! Manche Leser lassen die Einleitung aus, um beim Lesen schneller voranzukommen. Das ist ein Fehler, denn die meisten Autoren beschreiben den Zweck und das Ziel des Buches in der Einleitung. Auch finden Sie in der Einleitung manchmal eine kurze Zusammenfassung
Lesen Sie dann die ersten und letzten Absätze von jedem Kapitel oder Abschnitt. Versuchen Sie in dieser Phase, nicht zu schnell zu lesen. Schnuppern Sie in den Text hinein, ohne

zu lange an einem Punkt hängenzubleiben. Denken Sie über das nach, was Sie gelesen haben. Schreiben Sie Fragen auf, die in Ihrem Kopf auftauchen. Fragen Sie sich selber noch einmal: »Muß ich das wirklich alles lesen?«
Wenn Ihre Antwort immer noch »Ja« ist, dann beginnen Sie mit den Abschnitten, die für Sie am wichtigsten sind. Sie müssen nicht mit dem ersten Kapitel beginnen, denn die Reihenfolge, in der der Autor seine Inhalte anordnet, kann für Ihre Zwecke ungeeignet sein.
– Wenn Sie einen Abschnitt gelesen haben, pausieren Sie, und denken Sie über den Inhalt nach, indem Sie bereits vorhandenes Wissen mit den neuen Gedanken des Autors verbinden.
– Finden Sie heraus, welche Teile Ihnen die größten Schwierigkeiten bereiten, und überlegen Sie, wie sich diese Teile am besten bewältigen lassen.

Markieren Sie sich die wichtigsten Gedanken.

– Trennen Sie lange Kapitel und Abschnitte in kürzere auf. Es erleichtert die Konzentration, wenn Sie sich vornehmen, nur so lange zu lesen, bis Sie anfangen, sich zu langweilen, oder bis die anberaumte Zeit zu Ende ist.
– Wenn Sie eine Übersicht über den Text gewonnen haben, markieren Sie die wichtigsten Gedanken, Konzepte und Informationen mit einem farbigen Stift. Wenn Sie in das Buch nicht hineinschreiben können, kopieren Sie die entsprechenden Seiten.
– Unterstreichen Sie die Teile, die Sie später noch genauer untersuchen wollen.
Wenn Sie einförmig lesen, ermüden Sie leichter: Wechseln Sie daher das Tempo, versuchen Sie, den Überblick zu behalten, indem Sie ins Inhaltsverzeichnis blicken, dann wieder Einzelheiten im Text wahrnehmen.

6. Wie man schneller seine Post erledigt:

Im Laufe seines Lebens erhält ein Geschäftsmann bis zu 50.000 unverlangte Briefe zugesandt – größtenteils Werbung. Wenn er sechzig Sekunden benötigt, um einen Brief zu öffnen und zu lesen, dann verbringt er mit dieser Arbeit zwanzig Arbeitswochen oder fünf Monate seines Lebens. Ob

das für Sie eine lohnenswerte Investition von Zeit darstellt, hängt davon ab, ob Sie dadurch etwas in Ihrem Beruf erreichen können.
Meistens jedoch wird in höchstens einer von zehn Zuschriften ein Angebot stecken, das für Sie interessant sein kann. Wenn Sie nur diese zehn Prozent lesen, verringert sich die Zeit, die Sie mit dieser Post verbringen, auf zwei Wochen. Wenn Sie die Techniken anwenden, mit denen Sie Ihre Post schneller lesen, kommen Sie auf 13 Sekunden pro Brief, insgesamt also eine Woche Lebensarbeitszeit.

Öffnen Sie die Post über dem Papierkorb.

– Öffnen Sie die Post über dem Papierkorb, so daß Sie die uninteressanten Briefe sofort fallen lassen können.
– Nehmen Sie jeden Brief nur einmal in die Hand. Überlegen Sie sofort, was Sie mit ihm tun wollen. Wegschmeißen oder in die Korrespondenzablage zur späteren Bearbeitung?
Sie sparen sehr viel Zeit, wenn Sie gleichartige Aufgaben

zusammen erledigen, weil Sie konzentrierter daran arbeiten. Sammeln Sie Post, und erledigen Sie sie dann in einem Arbeitsgang. Vermeiden Sie es jedoch – wenn möglich –, nur einen einzigen Brief zu schreiben oder schreiben zu lassen:

Vermeiden Sie es, Antwortbriefe zu schreiben.

– Antworten Sie telefonisch, mit einem Fax oder einem E-Mail.
– Schreiben Sie einen kurzen Kommentar auf den Originalbrief und faxen Sie ihn, oder senden Sie eine Kopie mit einer Post-it-Notiz an den Absender zurück.

Wie man beim Schreiben Zeit spart

Für viele Menschen ist das Schreiben eines Textes von mehr als zwei Zeilen ein Alptraum, der viel Zeit kostet. Sie starren auf das leere Papier oder auf den leeren Bildschirm, suchen verzweifelt und lange nach einem Anfang, mit dem sie beginnen können, ihre Gedanken auszudrücken.
Dann schreiben sie einige Zeilen und streichen sie sofort wieder weg. Sie beginnen neu, sind wieder unzufrieden, die Zeit verrinnt, der Abgabetermin rückt näher.
Obwohl nichts und niemand das Schreiben eines Berichts jemals zu einer simplen Angelegenheit machen wird, gibt es dennoch einige praktische Hilfen, mit denen Sie die Geschwindigkeit und Effizienz Ihrer Textproduktion verbessern können.

1. Machen Sie sich klar, was Sie sagen wollen!

Was wollen Sie eigentlich in Ihrem Schreiben sagen?

Damit Sie einen Gedanken klar auf dem Papier niederschreiben können, müssen Sie ihn vorher klar durchdacht haben. Sie müssen wissen, aus welchem Grund Sie den Text schreiben. Zu welchem Thema schreiben Sie, wie grenzen Sie es ab, welchen Standpunkt vertreten Sie? Je deutlicher Sie Ihre Thesen formulieren, desto mehr Erfolg werden Sie mit Ihren Worten haben.
Soll Ihr Text informieren, überzeugen oder beides?
Haben Sie die Antwort, dann können Sie eine Struktur entwerfen, indem Sie die wichtigsten Argumente notieren, mit denen Sie Ihre Thesen zu vermitteln versuchen. Diese müssen

dann in einen logischen Bedeutungszusammenhang gebracht werden, beispielsweise:
- Vorbeugung und Heilung
- Problem und Problemlösung
- Grund und Folge

Ein zusammenfassender Entwurf erleichtert die Planung.

2. Schreiben Sie einen zusammenfassenden Entwurf!
Mit einem kurzen Entwurf können Sie die Grundlage für einen Text schaffen, was das Schreiben später erleichtert. Die Zusammenfassung zwingt Sie dazu, Ihre Ideen zu durchdenken und in einer Linie zu ordnen. Fassen Sie die wichtigsten Punkte in höchstens fünfzig Wörtern zusammen:
- Beginnen Sie mit einer Einleitung. Beschreiben Sie Ihre Ziele und Probleme, die Sie ansprechen wollen.
- Beschreiben Sie dann möglichst kurz die einzelnen Argumente Ihres Textes Punkt für Punkt.
- Ziehen Sie Ihre Schlußfolgerungen, die klar und überzeugend sein sollten.

Sie erleichtern sich diese Arbeit, indem Sie Überschriften für die einzelnen Abschnitte formulieren und darunter die Hauptaussagen als Stichpunkte notieren. Dadurch behalten Sie den Überblick und vermeiden, das Thema zu verfehlen. Sollten Sie zu viele Stichpunkte zu einer Überschrift haben, gehen Sie vielleicht zu sehr ins Detail. Wenn die einzelnen Punkte jedoch alle beschrieben werden müssen, machen Sie zwei oder mehrere Abschnitte daraus.

3. Wie man beginnt ...
Für die meisten Autoren – wie auch für mich – ist der Anfang der schwierigste Teil. Noch schwieriger ist es, wenn es sich um den Anfang eines Vortrags handelt, den man vor einem kritischen Publikum zu halten hat. Hier sind zehn Wege, mit denen Sie sich das Schreiben erleichtern können.

Im ersten Entwurf muß nicht jedes Wort stimmen.

- Schreiben Sie einen ersten Entwurf, in dem nicht jedes Wort stimmen muß. Lassen Sie Ihre Gedanken und Ideen auf das Papier fließen, auch wenn schwache Formulierungen oder aussagelose Abschnitte in den Text gelangen. Sammeln Sie viel Wortmaterial, aus dem Sie danach einen präzisen Text

formulieren können. Es ist nicht schwer, später einzelne Stellen zu streichen oder zu verbessern.
– Wenn Sie einmal im Schreibfluß sind, unterbrechen Sie nicht, um das Geschriebene noch einmal zu lesen, weil das Ihren kreativen Fluß hemmt. Wenn Sie nicht wissen, wie Sie anfangen sollen, schreiben Sie den erstbesten Gedanken auf, der Ihnen in den Sinn kommt und etwas mit dem Thema zu tun hat. Verändern Sie die Länge der Sätze beim Schreiben. Vermeiden Sie aber zu lange Sätze: Je kürzer ein Satz, desto leichter ist er zu verstehen.
– Sitzen Sie immer noch fest? Dann versuchen Sie, Ihre Gedanken laut in ein Diktiergerät zu sprechen. Sprechen hilft oft, Schreibblockaden abzubauen, und löst den kreativen Gedankenfluß.
– Wenn Sie eine Rede schreiben, sprechen Sie am Anfang die Zuhörer direkt an, beispielsweise mit: »Sie wissen ja ...«.
– Benutzen Sie die nötigen technischen Fachausdrücke, vermeiden Sie aber Fachjargon, der für Teilnehmer womöglich schwer zu verstehen ist und nur zeigt, daß Sie sich in Ihrem Gebiet auskennen! Streichen Sie später alle Wörter, die aufgeblasen, herablassend oder kleinlich wirken.
– Wir behalten das am besten, was wir am Anfang oder am Schluß einer Rede hören. Stellen Sie die wichtigen Fakten gleich an den Anfang und fassen Sie am Schluß Ihre Argumente noch einmal zusammen.

Wir behalten das am besten, was wir am Anfang oder am Schluß einer Rede hören.

– Vermeiden Sie alle Sätze, die so wenig aussagen wie die folgenden Beispiele:
»Ich muß gar nicht betonen, daß ...« – Warum tun Sie es dann?
»Es ist kaum notwendig zu wiederholen, daß ...« – Warum wiederholen Sie es dann?
»Ich würde gern beginnen, indem ich ...« – Tun Sie es einfach!
Denken Sie daran: Logik und Aufbau entscheiden über den Erfolg Ihres Textes, ganz gleich, welchen Inhalt er hat. Ihre Leser und Zuhörer müssen Ihren Argumenten und Erklärungen so gut und schnell folgen können, wie Sie es darstellen und der Inhalt es erlaubt.

Logik und Aufbau entscheiden über den Erfolg Ihres Textes, ganz gleich, welchen Inhalt er hat.

11 Wie man sich die richtigen Ziele steckt

Der Erfolg ist die Beständigkeit des Ziels.
Benjamin Disraeli

In vorangegangen Kapiteln habe ich zu zeigen versucht, wie man weniger Zeit verschwendet. Dabei habe ich immer wieder erwähnt, daß es nicht jede Aufgabe wert ist, erledigt zu werden.
Sie müssen allerdings wissen, welche Ziele Sie in Ihrem Leben erreichen wollen. Sie müssen wissen, wer Sie sind, was Sie tun und was Sie erreichen möchten.

Wenn jede Sekunde in Ihrem Leben zählen soll, müssen Sie sich konkrete Ziele setzen.

Dann erst können Sie jede Minute Ihres Leben sinnvoll einsetzen. Setzen Sie sich daher konkrete Ziele. Ohne Ziele können Sie nicht entscheiden, in welche Dinge Sie Ihre Zeit am besten investieren.

Ziellose Menschen

Vor zweitausend Jahren hat der römische Philosoph Seneca angemerkt, daß für ein Schiff ohne Hafen kein Wind jemals aus der richtigen Richtung bläst. Obwohl jeder einzelne weiß, wie wichtig es ist, sich Ziele zu setzen, verbringt die große Mehrheit der Menschen ihr Leben auf Senecas ziellos treibenden Schiff. Sie werden von Zufällen in verschiedene Richtungen getrieben, ohne einen Kurs steuern zu können.
Anstatt beständig und wirkungsvoll auf klar definierte Ziele hinzuarbeiten, kann der einzelne leicht ein Opfer der Umstände werden.

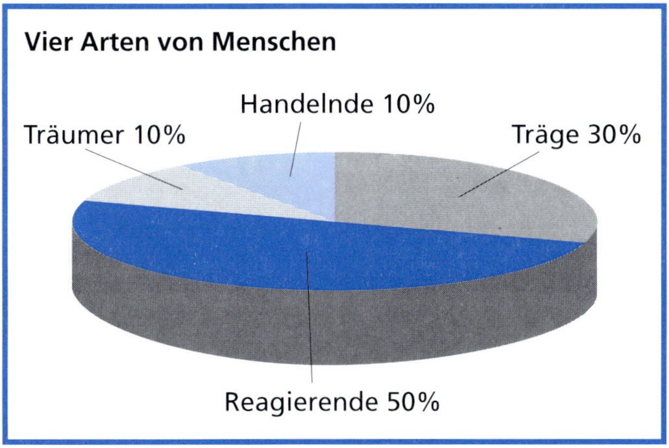

Eine Untersuchung hat gezeigt, daß 30 % aller Menschen träge sind: Sie haben keine Ziele und handeln nur, wenn man ihnen sagt, was, wo und wie sie es zu tun haben.

80 % aller Menschen handeln nur, wenn Umstände sie dazu zwingen oder man ihnen sagt, was sie zu tun haben.

Ungefähr 50 % reagieren: Sie handeln erst, wenn Umstände sie dazu zwingen, anstatt zu versuchen, die Initiative zu ergreifen oder ihr Leben in entsprechende Bahnen zu lenken. Sie verbringen ihre Zeit damit, anderen Menschen zu helfen, deren Ziele zu erreichen.

Weitere 10 % lassen sich als Träumer bezeichnen: Ihre Köpfe sind voll fantastischer Träume, wie sie Glück und Reichtum erlangen können. Leider sind ihre Ziele so ungenau und unrealistisch, daß sie keine praktischen Schritte unternehmen können, diese Träume in die Wirklichkeit umzusetzen.

Übrig bleiben 10 % der Bevölkerung, die aktiv handeln. Sie warten nicht darauf, daß man ihnen sagt, was sie zu tun haben, sondern packen die Dinge an und setzen sie in die Realität um. Sie geben sich erst zufrieden, wenn sie erreicht haben, was sie wollen. Veränderung ist für diese Menschen keine Bedrohung, sondern eine Chance.

Nur 10 % aller Menschen handeln aktiv.

Aber selbst in dieser ausgewählten Gruppe werden Ziele oft nur willkürlich und unregelmäßig gesetzt. So zeigte 1953 eine Untersuchung an der Eliteuniversität Yale, daß nur drei Prozent der Abgänger sich genau definierte Ziele gesteckt hatten.

Aber die Untersuchung zeigte auch, daß sich unter diesen wenigen entsprechend erfolgreiche Männer und Frauen fanden, ganz gleich, ob es sich um Manager oder Sportler, Unternehmer oder Wissenschaftler, Journalisten oder Künstler handelte. Diese drei Prozent waren hundertfach besser und erfolgreicher als ihre Klassenkameraden.

Warum es so wichtig ist, sich klare Ziele zu setzen

Die meisten ehrgeizigen Männer und Frauen erkennen an, daß ihr Leben ohne Ziele keine Richtung haben kann. Und sie bewundern Menschen, die sich Ziele gesetzt haben und daran arbeiten, sie zu erreichen. Sie erkennen auch an, daß man ohne Ziele unmöglich seine Zeit vernünftig einteilen kann.
Obwohl den meisten das alles bekannt ist, setzen sie sich keine Ziele. Warum ist das so? Warum wird das so sehr vernachlässigt?

Sind Sie bisher auch ohne Ziele »recht gut« zurechtgekommen?

Sechs Gründe kann ich hier nennen, die mir immer wieder als Entschuldigung von Menschen angeführt wurden. Vielleicht erkennen Sie in einem der Gründe plötzlich, warum Sie bisher träge gelebt und nur auf Ihre Umwelt reagiert haben.

1. »**Wer braucht schon Ziele?** Ich bin bisher auch so ganz gut zurechtgekommen.«
Genauso könnten Sie sagen: Alles, was mir passiert, ist in Ordnung. Es erinnert an den Piloten, der seinen Passagieren mitteilt, er hätte eine gute und eine schlechte Nachricht. Die schlechte ist, daß das Navigationssystem ausgefallen ist und er nicht weiß, wohin er fliegt. Die gute, daß die Geschwindigkeit dabei immerhin 900 km/h beträgt.

2. »**Ich habe die ganzen Ziele im Kopf.** Ich brauche sie mir nicht aufzuschreiben.«
Ziele, die Sie nirgendwo aufgeschrieben haben, sind eher als Absichten zu bezeichnen. Aber Ihr Wille muß in klar definierte Handlungen umgesetzt werden, bevor Sie ihn durchsetzen. Solange Ihre Ziele nur in Ihrem Kopf existieren, gehören Sie zu den 10 % der Träumer, die ich oben erwähnt habe. Es erin-

nert an den Brief des Möchtegern-Komponisten an den Plattenproduzenten, in dem es heißt: »Ich habe einen wunderschönen Song im Kopf, der bestimmt die Nummer eins wird. Mir fehlen zur Zeit nur noch die Noten und die Worte.« Der Plattenproduzent kann darauf nur antworten: »Schicken Sie mir Ihren Kopf. Ich will sehen, was sich tun läßt.«
Die meisten Menschen, die es versäumen, ihre Ziele aufzuschreiben, beenden ihr Leben mit dem traurigen Satz: »Was hätte ich alles tun können!«

3. »**Wenn ich mir Ziele setze**, kann ich leichter scheitern.«
Das ist natürlich wahr. Aber können Sie ohne Ziele überhaupt etwas erreichen? Ein amerikanischer Publizist fragte mich einmal, wie er es garantiert vermeiden könnte, einen Mißerfolg zu haben. Ich empfahl ihm, mit dem Veröffentlichen von Büchern ganz aufzuhören.

Niemand kann garantieren, daß Sie alle Ziele erreichen.

Von dem amerikanischen Erfinder Thomas Alva Edison heißt es, er habe über 1000 verschiedene Materialien getestet, bevor er schließlich entdeckte, daß Wolfram das richtige Material für den Glühfaden war. Jemand sagte, daß Edison tausendfach gescheitert sei. »Im Gegenteil«, gab

Edison zurück, »ich habe tausend Möglichkeiten gefunden, wie man keinen Glühfaden herstellen kann!«
Wenn Sie sich ein schwierig zu erreichendes Ziel setzen – und die meisten Lebensziele fallen in diese Kategorie –, dann besteht das Geheimnis darin, es in mehrere untergeordnete Ziele zu unterteilen, die in absehbarer Zeit zu erreichen sind. Wenn Sie sich auf diese Weise langsam, aber sicher auf das übergeordnete Lebensziel zubewegen, haben Sie nicht nur eine größere Chance, es zu erreichen, sondern können auch mit größerem Selbstbewußtsein und mehr Motivation daran arbeiten.
Verlassen Sie also das ruhige Kielwasser hinter einem großen Schiff und suchen Sie sich Ihren eigenen Weg, denn nur so können Sie in dem Hafen ankommen, den Sie wirklich erreichen wollen.

Sie werden von sich selbst eine ganze Menge erwarten.

4. »**Wenn ich Ziele anpeile,** erwarten andere zu viel von mir.«
Das stimmt. Und der erste, der etwas von Ihnen erwartet, werden Sie selber sein. Erfolg macht süchtig. Es ist die stärkste Droge der Welt. Ich habe einmal eine Lehrerin gefragt, was sie am liebsten den Schülern auf ihrem Lebensweg mitgeben würde. »Wie es ist, wenn man Erfolg hat«, sagte sie – und hatte recht damit. Denn wenn Schüler merken, daß sie Erfolg haben können, werden sie danach hungrig.

5. »**Wenn man klare Ziele hat,** verliert das ganze Leben an Spontaneität.«
Viele Menschen glauben, daß es einen Verlust an Lebensqualität bedeutet, wenn man sein Leben sorgfältig plant. Sie argumentieren weiter, daß man dann auch nicht mehr fähig ist, gute Gelegenheiten, neue Möglichkeiten zu erkennen und zu nutzen.
Zielloses Arbeiten führt jedoch oft dazu, beschäftigt zu sein, ohne Geschäfte zu machen. Am Ende des Tages ist man erschöpft, weil man viel gearbeitet habt, aber kein Ergebnis da ist, das die Anstrengungen widerspiegelt. Wenn Sie Ihre klar definierten Ziele aufschreiben, können Sie sich besser auf die wichtigen Dinge konzentrieren. Ansonsten verbrin-

gen Sie zuviel Zeit mit unwichtigen Aufgaben von geringer Priorität, obwohl es besser wäre, sie zu delegieren, aufzuschieben oder wegzulassen.

6. »**Wie soll ich all das aufschreiben.** Ich will soviel vom Leben.«

Natürlich sollten Sie ehrgeizig sein. Versuchen Sie, soviel wie möglich in Ihrem Leben zu erreichen, privat und beruflich. Beschränken Sie sich nicht auf ein Ziel, und geben Sie sich nicht damit zufrieden, der zweite Sieger zu sein. Denn der zweite Sieger ist immer nur der beste der Verlierer. Erfolgreiche und ausgefüllte Männer und Frauen haben sowohl familiäre und soziale als auch berufliche Ziele.

Um erfolgreich zu sein, braucht man sowohl berufliche als auch private Ziele.

Gleichzeitig muß einem natürlich auch bewußt sein, daß das Leben zu kurz ist, um *alle* möglichen Ziele zu erreichen. Wenn Sie sich zu viele Ziele setzen, werden Sie weniger erreichen als bei wenigen klar definierten Zielen. Vielen Menschen fällt es schwer, solche Entscheidungen zu treffen. Sie fliegen enthusiastisch von einem zum anderen und gestatten sich nicht, länger bei einer Sache zu verweilen. Das führt schließlich nur zu Frustation, Enttäuschung und dem Gefühl, gescheitert zu sein.

Ich habe betont, wie wichtig es ist, sich Ziele zu setzen, weil sie die Grundlage für jeden Erfolg sind. Und Erfolg stellt sich dann ein, wenn es gelingt, die eigene Persönlichkeit und die Zeit zu gestalten. Wenn Sie nichts anderes aus diesem Buch lernen, als sich selber Ziele zu setzen, dann haben Sie die Hälfte des Weges zum erfolgreichen Zeitmanagement hinter sich gebracht. Da die Lebenszeit begrenzt ist, bleibt Ihnen nichts anderes übrig als auszuwählen. Sie müssen erkennen, was Ihnen am wichtigsten ist, und Ihre Entscheidungen treffen, bevor andere das für Sie tun.

Erfolg stellt sich dann ein, wenn es gelingt, die eigene Zeit zu gestalten.

Wie man sich selbst Ziele setzt

Sie sehen ein brennendes Haus. Rauch kommt aus den Fenstern, und jemand liegt bewußtlos neben der offenen Haustür. In einem Notfall wie diesem sind Ihre Ziele doch klar:

1. Leben retten, indem Sie den Bewußtlosen aus der Gefahrenzone bringen.
2. Die Feuerwehr rufen, damit das Feuer gelöscht wird.

Wenn Sie Ziele haben, können Sie Zeit sparen. Unglücklicherweise gibt es nur selten klare Situationen wie diese. Meistens sind unsere Ziele vage, schwer zu definieren oder zu formulieren:

– »Ich hätte gern mehr Spaß im Leben.«
– »Ich würde gern sportlicher sein.«
– »Ich suche ein anderes Verhältnis zu meiner Arbeit.«
– »Ich möchte leichter Freunde finden.«
– »Es würde mir schon Spaß machen, eine andere Sprache zu sprechen.«

Zu vage formulierte Ziele kann man nicht erreichen.

Ganz gleich, wie wichtig sie sind: Es sind keine klaren Ziele, sondern eben Wünsche, ungenau formulierte Vorstellungen, was man tun könnte.

Die drei Kategorien von Zielen

Jedes Ziel läßt sich in eine der drei folgenden Kategorien einordnen:

Wann haben Sie sich zum letzten Mal gefragt, welchen Sinn Ihr Leben hat?

1. ***Warum*-Ziele** sind persönliche Ziele. Sie betreffen Ihre Familie und Beziehungen, geistige und körperliche Gesundheit, ethische und religiöse Bedürfnisse, sowie soziale Bindungen.

Sie stellen die Grundlage Ihres Lebens dar, das Warum. Sie sind auch der Grund für Ihren Ehrgeiz, Ihr Streben und alle anderen Ziele, die Sie zu erreichen suchen.

Leider verdecken andere Ziele zu oft die Frage, warum Sie etwas tun:

2. ***Was*-Ziele** beschreiben die äußeren Dinge, die Sie erreichen müssen, um die Warum-Ziele zu verwirklichen. Heiraten, Karriere, eine feste Anstellung gehören dazu.

3. ***Wie*-Ziele** beschreiben, wie Sie die Was-Ziele erreichen.

Werfen wir nun einen Blick darauf, wie diese Ziele aussehen können:

– *Was*-Ziele: »Ich möchte der Verkaufsleiter des Unterneh-

mens werden, die Verkaufsquote auf 80 % anheben und 300.000 DM im Jahr verdienen.«
– *Wie*-Ziele: »Ich werde meine Marketingkenntnisse verbessern, mein Netzwerk mit Geschäftsfreunden erweitern, mehr Verkaufsgespräche führen.«
– *Warum*-Ziele: »Ich möchte meiner Familie finanzielle Sicherheit geben. Anerkennung von den Mitarbeitern, damit meine Eltern auf mich stolz sein können. Ich möchte mich als erfolgreich bezeichnen können. Ich möchte gute Nachbarn haben und meinen Kindern einen guten Start ins Leben geben.«

Wie Sie sehen, sind die Warum-Ziele die treibende Kraft hinter allem anderen. Sie sind die persönlichsten und wichtigsten Ziele. Menschen, die sich zu stark an den Wie-Zielen oder Was-Zielen orientieren, zu wenig über das Warum nachdenken, riskieren Depressionen – ganz gleich, für wie erfolgreich sie ihre Umwelt hält -, weil ihr Tun zu wenig in einen übergeordneten Zusammenhang eingebunden ist.

Wie Sie Ihre *Warum*-Ziele finden

Warum-Ziele sind die treibende Kraft hinter all Ihrem Tun.

Die eigenen Warum-Ziele können Sie leicht erkennen, indem Sie Ihren eigenen Nachruf schreiben. Was auf den ersten Blick vielleicht etwas makaber erscheint, ist eine gute Möglichkeit, die Dinge herauszufinden, die in Ihrem Leben am meisten zählen. Dabei geht es nicht um das, was Sie jetzt schon haben, sondern um das, was Sie erreichen wollen:
– Welche beruflichen Ziele möchten Sie am Ende Ihres Lebens erreicht haben?
– Wie möchten Sie, daß man sich an Sie erinnert?
– Wo würden Sie gern leben, und unter welchen Bedingungen?
– Welche körperliche und geistige Gestalt möchten Sie gehabt haben?
– Wollen Sie, daß die Gesellschaft sich an Sie erinnert?
Stellen Sie sich vor, wie Ihr Nachruf aussehen könnte, wenn Sie alles, was Sie wollen, in Ihrem Leben erreicht haben.

Wie wird Ihr Nachruf aussehen, wenn Sie ein erfolgreiches Leben hinter sich gebracht haben?

Der vorausschauende Nachruf

John starb im Alter von 126 Jahren
in Paris (wo Sie am liebsten leben würden)
John arbeitete als Filmproduzent (welche Karriere Sie machen möchten)
in der Position des Leiter der Dokumentarfilmabteilung (Position, die Sie erreichen möchten)
In seiner freien Zeit widmete sich John dem Segeln, Malen und Reisen (Hobbys)
leistete große Dienste bei der Schaffung von Umweltbewußtsein, Rettung der Regenwälder (soziales Engagement)
Wir werden John aufgrund seiner Freundlichkeit, offenherzigen Freundschaft niemals vergessen.

Füllen Sie nun selbst das untenstehende leere Blatt und schreiben Sie auf, was Sie bis zu Ihrem Tod erreicht haben wollen:

Der vorausschauende Nachruf

.... starb im Alter von .... Jahren
in .... (wo Sie am liebsten leben würden)
John arbeitete als .... (welche Karriere Sie machen möchten)
in der Position des .... (Position, die Sie erreichen möchten)
In seiner freien Zeit widmete sich .... dem .... (Hobbys)
leistete große Dienste bei der .... (soziales Engagement)
Wir werden .... aufgrund .... niemals vergessen.

Dann fragen Sie sich: »Was tue ich zur Zeit dafür, um diese Ziele zu erreichen?«
Wenn die Antwort »wenig« oder »nichts« lautet, dann sollten Sie den untenstehenden Abschnitt lesen und genau überlegen, was Sie verändern müssen, um Ihre Ziele zu erreichen.

Wie Sie Ihre *Was*- und *Wie*-Ziele finden

Was müssen Sie verändern, um Ihre Ziele zu erreichen?

Einige Manager behaupten, daß es unwichtig wäre, sich bestimmte Karriereziele zu setzen, weil sie eher an den Zufall und das Glück glauben:
– Den Zufall, am rechten Ort zur rechten Zeit zu sein.
– Das Glück, einen dynamischen Mentor zu haben, der einen mitnimmt auf dem Weg nach oben.
Beides ist natürlich bis zu einem gewissen Grad wichtig, doch Glück läßt sich auch definieren als den Moment, in dem man gut vorbereitet auf die richtige Gelegenheit trifft. Beides kann geplant werden:

Glück ist der Moment, in dem man gut vorbereitet auf die richtige Gelegenheit trifft.

– indem man seine Ziele bestimmt hat und unterscheiden kann, was eine gute Gelegenheit und was ein Irrweg ist,
– indem man Kenntnisse erlangt und erweitert, die notwen-

dig sind, diese guten Gelegenheiten auszunützen. Erfolg ist immer eine Frage des Glücks. Fragen Sie diejenigen, die gescheitert sind!

Wie man sich Ziele setzt

Wenn Sie sich ein Ziel setzen, muß es vier Kriterien erfüllen, ganz gleich, um welche Art von Ziel es sich handelt.

1. Es muß persönlich sein.
Überlegen Sie sich, womit Sie Ihre Zeit verbringen wollen. Aber bevor Sie beginnen, auf dieses Ziel hinzuarbeiten, fragen Sie sich selber, ob Sie es wirklich erreichen wollen oder ob Sie nur jemanden damit beeindrucken wollen – Ihre Eltern oder Ihren Partner vielleicht?
Die einzigen Ziele, die uns ausreichend motivieren und unserem Leben auf lange Sicht Sinn geben, sind jene, die uns ganz persönlich wichtig und wertvoll sind, uns selber etwas bedeuten.
Achten Sie darauf, daß Ihre Ziele ausgewogen sind und nicht zu sehr einen Aspekt des Lebens in den Vordergrund stellen, wie Karriere auf Kosten der Familie oder anderer Beziehungen.

Ziele müssen für Sie persönlich wichtig und konkret sein.

2. Es muß konkret sein.
Sie müssen die Möglichkeit haben, Fortschritte festzustellen und zu beurteilen. Je weniger konkret das Ziel ist, desto schwieriger werden Sie es erreichen. Zum Beispiel ist das Ziel »schlank werden« zu ungenau formuliert. Für den einen bedeutet schlank, was für den anderen noch dick ist. Wenn Sie sich aber das Ziel setzen, 1,5 Kilo im Monat abzunehmen, können Sie das nicht nur erreichen, sondern auch selbst kontrollieren.
3. Es muß erreichbar sein.
Achten Sie darauf, daß Sie ein Ziel auch erreichen können. Erfüllen Sie die Voraussetzungen, haben Sie genügend Kraft und Kenntnisse? Wenn nicht, dann müssen Sie sich als erstes die notwendigen Kenntnisse erarbeiten. Fragen Sie sich auch, wie abhängig Sie von anderen sind, um das Ziel zu erreichen.

Sind die anderen ebenfalls an das Ziel gebunden?
Was auch immer Sie versuchen, Sie müssen es erreichen können.

4. Es muß in einer bestimmten Zeit erreicht werden können. Setzen Sie sich Termine, aber achten Sie darauf, daß die Termine realistisch sind. Und rechnen Sie mit unvorhergesehenen Problemen. Sie müssen von Ihren Zielen überzeugt sein und an sie glauben, aber lassen Sie sich nicht zu falschen Höhenflügen verleiten.

Ziele müssen in einer bestimmten Zeit erreichbar sein.

Ziele sollten auch so formuliert sein, daß Sie flexibel auf Veränderungen reagieren können. Das betrifft vor allem die Was- und Wie-Ziele. Denn sie sind die Mittel, durch die Sie Ihre Warum-Ziele erreichen, und diese Mittel können sich innerhalb kurzer Zeit beträchtlich ändern. Man geht heute davon aus, daß die meisten Menschen im Laufe ihres Arbeitsleben inzwischen bis zu sieben verschiedene Jobs haben. Wenn Ihre Ziele zu sehr in einer Richtung fixiert sind, versäumen Sie leichter gute Gelegenheiten.

Ziele müssen flexibel formuliert werden.

Schreiben Sie Ihre Ziele auf!

Nutzen Sie Ihre Pläne und Ihren Ehrgeiz gemeinsam mit dem Wissen, das Sie aus dem »vorausschauenden Nachruf« gewonnen haben, um Ihre Ziele unter drei Überschriften aufzuschreiben:

- Schreiben Sie als erstes die langfristigen Ziele auf, die Sie in den nächsten fünf Jahren erreichen wollen.
- Als zweites die mittelfristigen Ziele, die Sie realistisch innerhalb eines Jahres erreichen können.
- Und schließlich die kurzfristigen Ziele, die Sie in den nächsten zwei Monaten erreichen möchten.

Obwohl Sie unter jeder Überschrift Platz für vier Ziele haben, müssen Sie jetzt nicht alle Zeilen füllen. Sie können später immer wieder ein neu gefundenes Ziel dazuschreiben.

Langfristige *Was*-Ziele
Bis zum Jahr ..... möchte ich folgendes erreichen:
1. ....
2. ....
3. ....
4. ....

Langfristige *Wie*-Ziele
Um diese Ziele in den nächsten fünf Jahren zu erreichen, werde ich:
1. ....
2. ....
3. ....

Langfristige *Warum*-Ziele
Ich möchte diese Ziele erreichen, weil ich:
1. ....
2. ....
3. ....

Mittelfristige *Was*-Ziele
Nächstes Jahr möchte ich folgendes erreichen:
1. ....
2. ....
3. ....

Mittelfristige *Warum*-Ziele
Ich möchte diese Ziele erreichen, weil ich:
1. ....
2. ....
3. ....

Mittelfristige *Wie*-Ziele
Um diese Ziele im nächsten Jahr zu erreichen, werde ich:
1. ....
2. ....
3. ....
4. ....

Kurzfristige *Was*-Ziele
Innerhalb der nächsten zwei Monate möchte ich folgendes erreichen:
1. ....
2. ....
3. ....

Kurzfristige *Warum*-Ziele
Ich möchte diese Ziele erreichen, weil ich:
1. ....
2. ....
3. ....
4. ....

Kurzfristige *Wie*-Ziele
Um diese Ziele zu erreichen, werde ich:
1. ....
2. ....
3. ....
4. ....

Wenn Sie Ihre Ziele auf diese Weise niederschreiben, haben Sie folgende Vorteile:
– Sie wissen ganz genau, welche Ziele Sie erreichen wollen.
– Sie kennen die einzelnen Schritte, die Sie benötigen, um Ihre Hauptziele zu erreichen.
– Sie bekennen sich zu Ihren Zielen. Sie sagen nicht mehr: »Ich würde gern …«, sondern »Ich werde …«!
– Sie können leichter Prioritäten setzen.
Und vergessen Sie nicht, Ihre Ziele immer in der Gegenwartsform aufzuschreiben, so, als hätten Sie sie gerade erreicht. Das steigert die Motivation, die Selbstzufriedenheit und programmiert Ihr Unterbewußtsein auf das Ziel.

Denken Sie über mögliche Hindernisse nach

Wenn Sie überlegen, wie Sie ein Was-Ziel erreichen können, sollten Sie auch darüber nachdenken, welche Hindernisse sich Ihnen dabei in den Weg stellen. Die müssen Sie schließlich überwinden, um auf Ihrem Weg weiterzukommen. Fragen Sie sich deshalb:
– Was muß ich tun/lernen/wissen, um mein Ziel zu erreichen?
– Von wem brauche ich dabei Hilfe?
– Wer kann verhindern, daß ich vorankomme?
– Mit wem muß ich zusammenarbeiten/kooperieren, um mein Ziel zu erreichen?
– Gibt es einen einfacheren Weg, um mein Ziel zu erreichen?

Vergessen Sie nicht, Hindernisse zu beseitigen!

Um die Hindernisse zu erkennen, die Sie noch überwinden müssen, füllen Sie die Tabelle auf S. 114 aus. Sie zeigt auf einfache Weise, mit welchen Voraussetzungen Sie an den Start gehen. Wenn Sie glauben, eine Voraussetzung zu besitzen, machen Sie ein Kreuz unter »ausreichend«. Wenn Sie Probleme vor sich sehen, kreuzen Sie »nicht ausreichend« an. Dann überlegen Sie, mit welchen Schritten oder kurzfristigen Zielen Sie das Hindernis überwinden können.
Schreiben Sie die drei wichtigsten lang-, mittel-, und kurzfristigen Was-Ziele auf Post-it- oder Karteikarten und kleben Sie die Zettel an Stellen, wo Sie die Ziele jeden Tag vor Augen haben. Zum Beispiel an den Badezimmerspiegel, auf das

Ziel/Hindernis-Planer

	ausreichend	nicht ausreichend
Karriereplanung		
benötigte Fähigkeiten		
Kontakte		
Teamwork		
Entscheidungsfindung		
Problemlösungskapazität		
Flexibilität		
Durchsetzungsfähigkeit		
Delegieren		

Armaturenbrett des Autos, an das Telefon oder den Computerbildschirm.

Schreiben Sie die wichtigsten Ziele auf Karteikarten.

Stecken Sie die Karteikarten in die Sakko- oder Manteltasche. Lesen Sie regelmäßig, was auf ihnen steht, und stellen Sie sich vor, daß Sie Ihr Ziel bereits erreicht haben. Das motiviert Sie und hilft Ihnen, Zeiten der Rückschläge und Enttäuschungen durchzustehen.

Einigen Menschen fällt es schwer, ihre Ziele in dieser Form aufzuschreiben – besonders die Warum-Ziele. Wenn es Ihnen ähnlich geht, können Sie mit Mind-Mapping versuchen, diese Schwierigkeit zu umgehen. Mind-Mapping ist eine revolutionäre Form von kreativem Denken, das der britische Autor Tony Buzan entwickelt hat.

Mind-Mapping von Lebenszielen

Für diese Aufgabe brauchen Sie ein großes Blatt Papier (mindestens DIN-A3) und einige Stifte mit verschiedenen Farben. In vier Schritten können Sie Ihre Lebensziele durch Mind-Mapping formulieren:

1. Zeichnen Sie in die Mitte des Papier ein kleines Symbol, das Ihre Person repräsentiert. Sie können von der Strichzeichnung bis zum detaillierten Porträt malen, was Sie möchten. Haben

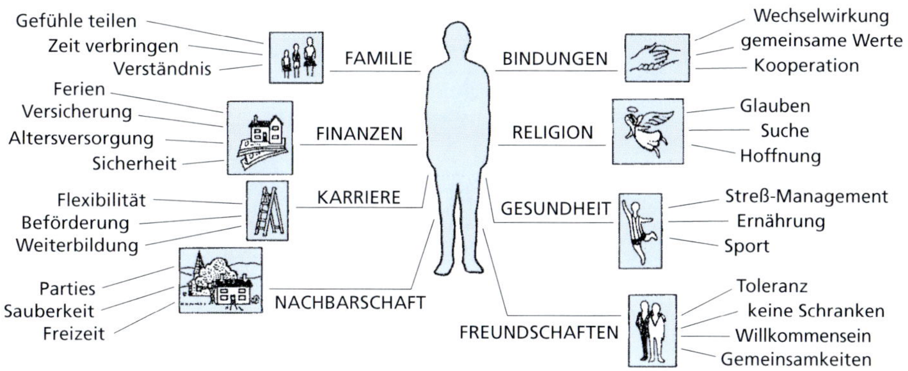

Sie keine Angst vor fehlenden künstlerischen Fähigkeiten – die Zeichnung ist nur für Sie selbst gedacht.

2. Von diesem Symbol aus zeichnen Sie Linien (siehe oben), die jeweils einen Aspekt Ihres Lebens zeigen, der Ihnen wichtig ist (Familie, Bindungen, Freundschaften, Finanzen, Karriere, Religion, Gesundheit, Nachbarschaft). Achten Sie darauf, daß die Worte in Großbuchstaben direkt auf die Linien geschrieben sind und sich nicht zu sehr davon entfernen. Benutzen Sie unterschiedliche Farben.

3. An das Ende jeder einzelnen Linie zeichnen Sie etwas, was den Aspekt illustriert. Vielleicht ein lächelndes Gesicht für Freundschaften oder eine ausgestreckte Hand für Bindungen oder ein Licht oder eine Kerze für Religion. Dann führen Sie die Linien weiter: Überlegen Sie, was dieser Aspekt für Sie bedeutet. Wenn Ihnen am Anfang nichts einfällt, assoziieren Sie frei und schreiben Sie das erste Wort auf, das Ihnen in den Sinn kommt.

4. Entwickeln Sie Ihre Lebensziele über einen längeren Zeitraum. Halten Sie das Papier bereit, und fügen Sie neue Linien und Wörter hinzu, wenn sie Ihnen einfallen. Auf diese Weise können Sie die Warum-, Was- und Wie-Ziele leichter finden. Sobald Sie ein Ziel gefunden haben, schreiben Sie es in die Listen, die auf den vorigen Seiten abgedruckt sind.

Entwickeln Sie Ihre Lebensziele über einen längeren Zeitraum.

In dieser kurzen Zusammenfassung konnte ich nur einige grundlegende Vorgehensweisen beschreiben, die vor dreißig Jahren von Tony Buzan erfunden worden sind. Bis heute werden sie von zahllosen Menschen in Unternehmen der ganzen Welt angewandt.

Warum Ziele so wichtig sind

Ziele motivieren!

Die Fähigkeit, sich klare Ziele zu setzen und einen Plan zu entwickeln, um sie zu erreichen, braucht jeder erfolgreiche Mensch. Sie hilft Ihnen:
- Ihren Ehrgeiz in eine Richtung zu lenken
- die Gedanken zu klären
- neue Prioritäten zu setzen
- Ihre Motivation zu verbessern
- Ihren Mut zu vergrößern, damit Sie Ihre Ziele auch wirklich erreichen

Nur wenn Sie Ziele haben, können Sie jede der wöchentlich 168 Stunden vernünftig nutzen. Als nächstes müssen Sie lernen, Prioritäten zu setzen, um alle Ziele schnell und vollständig zu erreichen. Daher erkläre ich Ihnen nun, wie man seine Ziele ordnet.

12 Wie man die richtigen Prioritäten setzt

Effizienz bedeutet, die Aufgabe richtig zu erledigen.
Effektivität bedeutet, die richtige Aufgabe zu erledigen.
Peter Drucker

Nachdem Sie Ihre persönlichen Ziele bestimmt haben, müssen Sie sich als nächstes überlegen, in welcher Reihenfolge Sie diese am besten erreichen. Leider ist es nicht immer ganz einfach, die richtigen Prioritäten zu setzen. Fragen tauchen auf: Ist das langfristige Karriereziel wichtiger als das langfristige Ziel im familiären Bereich? Sollten Sie ein mittelfristiges Ziel, das mit Geld zu tun hat, höher einschätzen als ein mittelfristiges Ziel, das Ihre Gesundheit betrifft?

Ist Ihnen die Karriere wichtiger als die Familie?

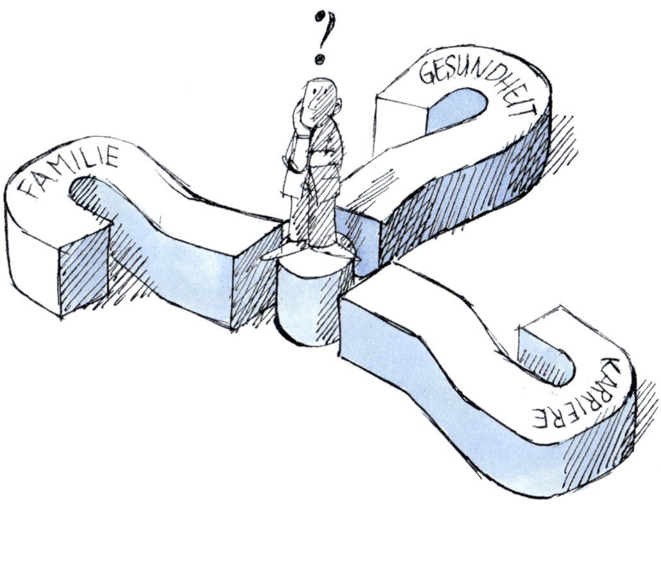

Am Arbeitsplatz ist es oft sehr schwierig zu entscheiden, welche Tätigkeit von all den dringenden Arbeiten als erste erledigt werden soll. Es kann einem leicht dabei gehen, wie einem Angestellten, der mir gegenüber verzweifelt anmerkte: »Alles, was ich mache, ist wichtig!«

Wenn Sie in einem ähnlichen Dilemma stecken, können Sie sich damit beruhigen, daß Sie nicht allein sind. Eine Untersuchung bei über 1300 Managern zeigt, daß Prioritäten selten in ausreichendem Maß gesetzt werden. Obwohl die meisten Manager sehr lange Arbeitszeiten hatten, wurde weniger als die Hälfte des Arbeitstages von Management-Tätigkeiten eingenommen. Die restliche Zeit verbrachten sie mit wenig produktiven Tätigkeiten.

Wenn Sie jedoch jede der 168 Wochenstunden vernünftig nützen wollen, ist das Setzen von Prioritäten die einzige Möglichkeit, Ihren Zielen wirksam näherzukommen.

Wie Sie bei Ihren Zielen Prioritäten setzen

Wir beginnen, indem wir eine Ordnung für die wichtigen Warum-Ziele zu finden versuchen. Bei den Warum-Zielen spielen folgende Aspekte eine besondere Rolle:

- Selbstverwirklichung
- Familie
- Gesundheit
- Karriere
- Freundschaften
- Religiösität

Im Grunde entscheidet man sich eigentlich immer für das, was einem wichtiger ist. An einem Beispiel will ich Ihnen zeigen, was ich meine: Stellen Sie sich vor, daß Sie nach monatelangen Verhandlungen unterwegs zum Flughafen sind, um einen Kunden zu treffen, der nur für eine Stunde eingeflogen ist, um den Vertrag zu unterzeichnen: das Geschäft Ihres Lebens. Mit diesem Vertrag werden Sie in Ihrer Firma ganz oben sein, Sie haben es dann endlich geschafft. Als Sie am Flughafen sind, klingelt Ihr Autotelefon: Es ist Ihr Partner, der aus dem Krankenhaus anruft. Ihr elfjähriges Kind ist bei

einem Verkehrsunfall schwer verletzt worden. Das Kind will Sie sehen, Ihr Partner ist verzweifelt, was tun Sie also?
– Drehen Sie sofort um und fahren zurück ins Krankenhaus, ohne sich noch weiter um diesen Kunden und den Vertrag zu kümmern?
– Unterzeichnen Sie erst den Vertrag, bevor Sie ins Krankenhaus fahren?

Wenn Sie in einem solchen Dilemma stecken, zeigt Ihre Wahl, ob Sie den Karrierezielen oder der Familie eine höhere Priorität beimessen.
Untersuchungen haben gezeigt, daß Entscheidungsfindung, in denen es um die wesentlichen Warum-Ziele geht, uns in emotionale Konflikte mit hohem Streß bringt, der oft in gesundheitliche Probleme wie Depressionen, Ängste, Magengeschwüre, hohen Blutdruck und Herzinfarkte mündet. Deshalb ist es so wichtig, daß Ihre Warum-Ziele harmonisch auf die Was- und Wie-Ziele abgestimmt sind.

Entscheidungsfindung bei *Warum*-Zielen führt zu Konflikten mit hoher Streßbelastung.

Wie man lernt, nach Prioritäten zu handeln

Für die meisten Menschen bedeutet jeder neue Tag, daß sie wieder vor verschiedenen Aufgaben stehen, von denen einige leicht und schnell zu erledigen, andere aber auch schwierig und zeitraubend sind.
Nehmen wir an, daß ein typischer Tagesplan darin besteht, die Post zu lesen, Telefongespräche zu führen, Anfragen von Mitarbeitern zu beantworten, mit Kunden zu sprechen, Kosten zu berechnen, einen Verkaufsbericht zu schreiben und Entscheidungen über Projekte zu treffen.
Wie können Sie entscheiden, welche Aufgaben Sie zuerst angehen müssen und welche Sie für den späteren Nachmittag liegen lassen können?

Wie entscheidet man, was wichtig ist?

Einige Aufgaben sind festgelegt. Wenn eine Besprechung für 11 Uhr angesetzt ist, eine halbe Stunde Vorbereitung erfordert und eine Stunde dauern wird, dann müssen Sie die Zeit von 10 Uhr 30 bis 12 Uhr aus Ihrer Planung herausnehmen. Oder ein Verkaufsbericht, für den Sie zwei Stunden brau-

Manche Aufgaben lassen sich nicht verschieben.

chen, muß erst am nächsten Tag fertig sein. Dafür stellen Sie den Zeitblock zwischen 14 Uhr und 16 Uhr bereit. Aber was passiert, wenn ein Notfall Sie in dieser Zeit von dieser Arbeit abhält? Jetzt könnten Sie entweder bis spät in die Nacht arbeiten oder morgen sehr früh ins Büro kommen, um den Bericht noch rechtzeitig fertig zu bekommen. Und was ist mit den ganzen Anfragen, die Sie zwischendurch von dieser Aufgabe abhalten – den Briefen, Besuchern und Anrufen?

An diesem Punkt ist es sehr hilfreich, sich eine Liste mit den Aufgaben und ihren Prioritäten zu erstellen. Sie hilft Ihnen, objektiv die Prioritäten festzulegen und zu beobachten. Um eine solche Liste zu schreiben, müssen Sie den beiden Faktoren, die über die Priorität jeder Aufgabe entscheiden, einen Zahlenwert zwischen 1 und 3 zuordnen. Die beiden Faktoren sind *Dringlichkeit* und *Wichtigkeit*.

Und dann rechnen Sie mit folgender Formel:

PRIORITÄT = DRINGLICHKEIT x WICHTIGKEIT

Eine Aufgabe

- mit hoher Priorität ist *dringend und wichtig*
- mit niedriger Priorität ist *entweder dringend oder wichtig*, aber nicht beides.
- mit niedriger Priorität ist *weder dringend noch wichtig*.

In unserem gerade genannten Beispiel hat die Vorbereitung für die Besprechung wahrscheinlich eine hohe Priorität wegen des Termins um 11 Uhr und der Notwendigkeit, sich vorzubereiten.

Andere Aufgaben, z.B. das Beantworten von Briefen, sind in diesem Zeitraum weniger wichtig und dringend. Möglicherweise macht es nichts, wenn die Briefe erst am nächsten oder übernächsten Tag abgehen.

Schreiben Sie alle Ihre Aufgaben auf. Wenn Sie überlegen, was Sie als nächstes erledigen sollen, stellen Sie sich die Fragen:

– Warum mache ich das?

– Kann ich dadurch ein Ziel in meinem Leben leichter erreichen?
– Kann ich Zeit sparen, wenn ich es auf eine andere Weise erledige?
– Kann ich es delegieren?
– Kann ich es ganz weglassen?

Bewerten Sie alle Aufgaben nach ihrer Wichtigkeit und Dringlichkeit.

Wenn Sie zu dem Schluß kommen, eine Aufgabe erledigen zu müssen, bewerten Sie ihre Wichtigkeit auf der untenstehenden Skala:

1 = unwichtig: Es entstehen keine großen Probleme, wenn Sie es nicht erledigen.
2 = wichtig: Es entstehen ernsthafte Probleme, wenn Sie es nicht tun.
3 = wesentlich: Die Aufgabe muß in jedem Fall erledigt werden.

Dann bewerten Sie die Dringlichkeit der Aufgabe auf einer ähnlichen Skala:

Das Aufgaben-Prioritäten-Schema hilft bei der Erstellung des Tagesplans.

1 = niedrig: Kann irgendwann erledigt werden.
2 = mittel: Muß diese Woche erledigt werden.
3 = hoch: Muß innerhalb der nächsten Stunden fertig sein.

Um die Priorität einer Aufgabe zu berechnen, multiplizieren Sie die zwei Werte. Zum Beispiel: Eine sehr wichtige *und* dringende Aufgabe erhält die Bewertung (3 x 3) = 9. Eine andere Aufgabe, die sehr wichtig ist, aber nicht sehr dringend, erhält die Bewertung (3 x 2) = 6.

Um ein Gefühl zu haben, wie die Methode arbeitet, sollten Sie die Übung auf S. 122 versuchen: Nehmen Sie vier Aufgaben, mit denen Sie gestern zu tun hatten (Sie finden sie in Ihrem Zeitprotokoll) und berechnen Sie für jede dieser Aufgaben die Prioriätsstufe, indem Sie Dringlichkeit und Wichtigkeit bewerten:

Prioritätsstufe

Aufgabe	Dringlichkeit	x	Wichtigkeit	=	Priorität
1.	....	x	....	=	....
2.	....	x	....	=	....
3.	....	x	....	=	....
4.	....	x	....	=	....

Aufgaben in der Reihenfolge ihrer Priorität

1. ....
2. ....
3. ....
4. ....

Füllen Sie jetzt das Zeitprotokoll auf Seite 123 aus, und ordnen Sie jede Aufgabe in einen der vier Kästen ein, indem Sie die folgenden Kriterien einhalten:

a) **Hohe Priorität:** Heute erledigen!
In diesen Kasten schreiben Sie alle Aufgaben, die sie mit 3 in Wichtigkeit und Dringlichkeit bewertet haben. Packen Sie keine Aufgabe in einem anderen Kasten an, bevor Sie hier nicht alle erledigt haben.

b) **Mittlere Priorität:** Wichtig, aber nicht dringend – die Aufgabe können Sie aufschieben
In diesen Kasten schreiben Sie Aufgaben, die Sie in der Dringlichkeit mit 1 oder 2 bewertet haben, selbst wenn sie Wichtigkeit 3 haben. Denken Sie daran, daß sich die Dringlichkeitsstufe kurzfristig erhöhen kann, wenn ein Termin näherrückt oder nach vorn verschoben wird.

Selbst Aufgaben von mittlerer Priorität können weggelassen werden.

c) **Mittlere Priorität:** Dringend, aber nicht wichtig – die Aufgabe kann vielleicht weggelassen werden.
Die Aufgaben, die in diesem Kasten stehen, haben eine Dringlichkeitsstufe von 3 und eine Wichtigkeit von 1 oder 2. Viele von diesen Aktivitäten erscheinen einem nur wichtig:

Ihr tägliches Zeitprotokoll

Das Aufgaben-Prioritäten-Schema

A Wichtig und dringend – heute erledigen!

Hohe Priorität

1 ____
2 ____
3 ____
4 ____

B Wichtig, aber nicht dringend

Mittlere Priorität

1 ____
2 ____
3 ____
4 ____

C Dringend, aber nicht wichtig

Mittlere Priorität

1 ____
2 ____
3 ____
4 ____

D Weder dringend noch wichtig

Keine Priorität

1 ____
2 ____
3 ____
4 ____

Priorität	Zeit	Aufgabe	benötigte Zeit	Wie Sie Zeit sparen können

Das einzige, was sie oft zu produktiver Arbeit beisteuern, ist ein Adrenalinstoß. Im nächsten Kapitel zeige ich, wie solche Aufgaben weggelassen oder aufgeschoben werden können.

d) **Keine Priorität:** Weder dringend, noch wichtig – sollten Sie weglassen.

Haben Sie bisher die Aufgaben in der Reihenfolge ihrer Priorität erledigt?

Jede Aufgabe, die Sie in diesen Kasten schreiben, können Sie guten Gewissens unerledigt lassen, denn sie haben in Dringlichkeit wie in Wichtigkeit nur Stufe 1. Die Situation kann sich natürlich verändern, wenn eine Aufgabe plötzlich wichtig oder dringend oder beides wird.

Kopieren Sie sich diese Vorlage, vergrößern Sie sie, wenn Sie mehr Platz für einzelne Aufgaben brauchen.

Wenn Sie dann das neu gewonnene Wissen mit Ihrem Zeitprotokoll von gestern vergleichen, erkennen Sie, ob Sie bisher die Aufgaben in der Reihenfolge ihrer Priorität erledigt haben:

– Haben Sie genügend Zeit auf die Aufgaben verwendet, die sowohl wichtig als auch dringend sind?

– Haben Sie zuviel Zeit auf Aufgaben mit niedriger Priorität verwendet und zuwenig Zeit auf die wichtigen Aufgaben?

– Um wieviel Uhr haben Sie begonnen, Aufgabe 1 des Kastens a) zu erledigen?

– Hätten Sie damit früher beginnen können oder sollen?

– Wie können Sie von jetzt an die Aufgaben mit hoher Priorität effektiver bearbeiten?

Wenn Sie sich immer noch fragen, wie Sie Ihre Ziele wirklich erreichen können, hilft Ihnen wahrscheinlich Kapitel 15 auf S. 147 weiter.

13 Endlich ohne Streß leben!

Jeder der denkt, weiß, daß er für eine gewisse Zeit am Tage eine Oase der Stille um sich legen muß.
Walter Lippmann

Die folgende Geschichte trifft auf sehr viele geplagte Arbeitnehmer zu. Peter hat sie mir bei einem meiner Streß- und Zeitmanagement-Workshops erzählt. Nachdem Entlassungen die Zahl der Manager in seiner Firma dezimiert hatte, kämpfte Peter plötzlich mit der dreifachen Arbeitslast. Mit dem wachsenden Streß verschlechterte sich Peters geistige und körperliche Gesundheit. Er fühlte sich ständig müde, irritiert, ängstlich und depressiv. Er begann, sich mit Vorgesetzten zu streiten, wurde gegenüber Mitarbeitern unverschämt und führte Krieg mit seiner Familie.

Ein Opfer der »Zeitmangelerkrankung«

Jeder kann ein Opfer der Zeitmangelerkrankung werden.

Aufgrund von Konzentrationsschwierigkeiten fiel es Peter schwer, Entscheidungen zu treffen, aufgrund von Fehlern mußte viel Arbeit noch einmal getan werden. Das brachte noch größeren Streß: Peter versäumte Termine, beantwortete Anfragen zu spät; in der Firma war Peter immer größerer Kritik ausgesetzt. Kein Wunder, daß Peters Zufriedenheit und Selbstvertrauen schwanden. Am Ende einer langen, schlaflosen Nacht kam er kaum noch aus dem Bett, um einen neuen, trübseligen Tag zu beginnen. Sein Arzt verschrieb Beruhigungsmittel. Ein Psychologe riet zu Entspannungs-

und Meditationstechniken. Peter selber verschrieb sich einige Whiskeys und sechzig Zigaretten am Tag. Nichts funktionierte mehr richtig.

Erhöhter Zeitdruck führt zu verminderter Leistungsfähigkeit und umgekehrt.

Wie alle Opfer von chronischem Streß war Peter in einen Teufelskreis geraten, der seine Situation immer weiter verschlechterte. Schlechtes Zeitmanagement – bewirkt durch mangelhafte Leistung – führte zu wachsendem Streß, der wiederum die Leistungsfähigkeit sinken ließ. Und so drehte sich die Spirale weiter.

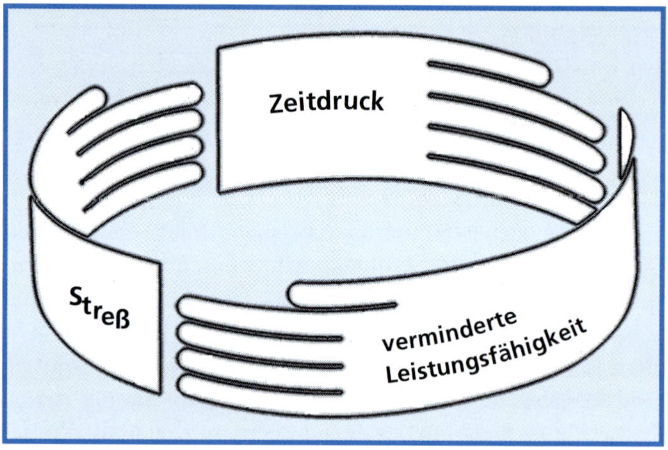

Im Alter von 50 Jahren mußte Peter in Frührente gehen, um seine Entlassung zu verhindern, anstatt auf dem erwarteten Sessel in der Direktionsetage zu sitzen. Die Epidemie der Zeitmangelerkrankung hatte wieder ein Opfer gefunden.

Die Symptome dieser Krankheit sind leicht zu erkennen:

– Sie haben nie genug Zeit, um alle Aufgaben an einem Tag zu bewältigen.

– Sie fühlen sich müde und frustriert, wenn es zu Verspätungen kommt, selbst wenn sie nicht zu vermeiden waren.

– Sie versuchen, alles doppelt zu machen.

– Sie können sich weder zu Hause noch im Urlaub entspannen.

– Ihnen fehlt die Geduld, wenn Sie mit Menschen zu tun haben, die langsamer denken und sprechen als Sie.

Der 60-Sekunden-Streß-Test

Sind Sie ein Opfer der Zeitmangelerkrankung? Finden Sie das mit diesem 60-Sekunden-Test heraus.
Ohne auf Ihre Uhr zu schauen oder still die Sekunden zu zählen, sollen Sie schätzen, wie lang eine Minute dauert. Wenn Sie glauben, daß die Zeit um ist, schauen Sie nach, wieviel Sekunden in Wirklichkeit vergangen sind.

Auflösung:

- **Weniger als 55 Sekunden:** Sie sind ein Opfer der Zeitmangelerkrankung, und je weniger Zeit vergangen ist, desto ernsthafter sind Sie betroffen. Machen Sie sich dennoch nicht zuviel Sorgen: Unnötiger Streß kann verringert werden.
- **Zwischen 55 und 65 Sekunden:** Obwohl Sie nicht an einer Zeitmangelerkrankung leiden, sollten Sie dennoch am Tag einige Stunden finden, um das zu tun, was Sie wirklich wollen.
- **Mehr als 66 Sekunden:** Sie haben eine entspannte Haltung gegenüber der Zeit. Sie kämpfen weder um sie noch gegen sie. Je mehr Sekunden bei diesem Text vergangen sind, desto geringer ist die Gefahr, daß Sie unter den Symptomen der Zeitmangelerkrankung leiden werden.

Wie lang ist für Sie eine Minute?

Die Zeitmangelerkrankung ist auch mit ernsthaften gesundheitlichen Gefahren verbunden, z.B. mit Bluthochdruck, Magengeschwüren und Herzinfarkt. Was können Sie also tun, um aus dem gefährlichen Teufelskreis auszubrechen? Einige von Peters Heilmitteln wären hilfreich, wie Meditations- und Entspannungstechniken. Aber um den Streß zu verringern, müssen Sie auch aktive Schritte unternehmen, um die Zeit besser kontrollieren zu können. Nur so können Sie den Ausgleich zwischen den Anforderungen des Berufslebens und den Erwartungen der Familie, der Freunde, von Freizeitaktivitäten und sozialem Engagement finden.

Zeitmangel und Streß können zu ernsthaften gesundheitlichen Problemen führen.

Streß muß nicht nur negativ sein!

Die meisten Menschen betrachten Streß als eine Qual. Streß kann ein Gegner sein, der einen abhält, seine Ziele zu erreichen, aber auch ein Partner, der einem dabei hilft. Wenn mit Streß richtig umgegangen wird, können schöpferische Energien freigesetzt werden, und das ermöglicht ein gesundes, glückliches und ausgefülltes Leben.

Das Hochleistungs-Streßniveau

Vor einigen Jahren hat Yuri Hanin, ein russischer Sportpsychologe, gezeigt, daß sportlicher Erfolg mit einem optimalen Niveau an geistiger und körperlicher Erregtheit zusammenhängt. Heute ist allgemein bekannt, daß das nicht nur für Sportler zutrifft, sondern ein Schlüssel für den Erfolg in allen Lebensbereichen ist.

Erfolg gründet auf dem optimalen Niveau an Erregtheit.

Jeder von uns hat einen bestimmten Punkt an Wachheit, Aufmerksamkeit und Konzentration, bei dem er seine beste Leistung bringt. Ich bezeichne ihn als Hochleistungs-Streßniveau.

– Wenn wir in unserem Leben zuwenig Streß haben, langweilen wir uns, werden unmotiviert und apathisch.

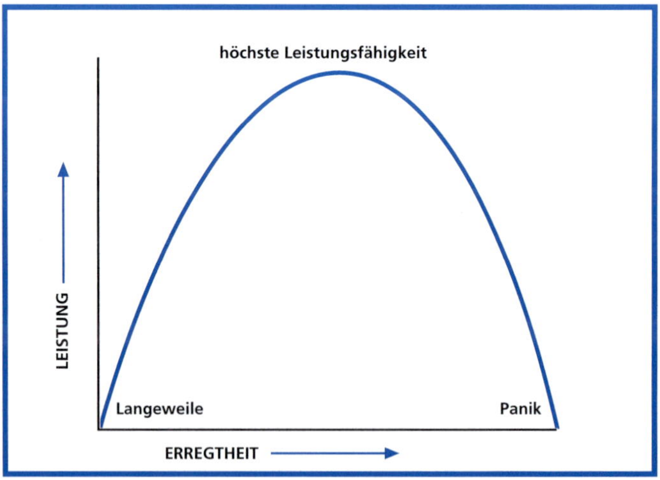

– Wenn wir zuviel Streß haben, werden wir ängstlich, reagieren verwirrt. Unser Selbstbewußtsein wird untergraben, die Entscheidungsfindung und Problemlösungs-Kapazität verringert.

Zuviel Streß untergräbt unser Selbstbewußtsein.

Wenn wir unser ideales Hochleistungs-Streßniveau erreicht haben, fühlen wir uns enthusiastisch, kraftvoll und zufrieden. Wir glauben, die Dinge voll im Griff zu haben, und das erleichtert uns das Handeln und die Entscheidungsfindung.

Wie man Streß vermeidet

Bei Aufgaben, die Ihnen Angst bereiten, bei denen Sie befürchten, das Selbstbewußtsein zu verlieren und weniger leistungsfähig zu sein, können Sie die untenstehenden Verfahren anwenden.

Um den Streß wirksam zu bekämpfen, müssen Sie Situationen genau kennen, die bei Ihnen Streß hervorrufen. Dabei ist es gleich, ob es sich um Verkaufsgespräche, öffentliche Reden oder die Zurechtweisung von Untergebenen handelt.

Lernen Sie Streßsituationen vorhersehen!

Oft ist es jedoch so, daß Sie nicht genau wissen, wodurch dieser Streß ausgelöst wird.

Eine Teilnehmerin von mir fragte sich, warum sie vor ihrer neuen Chefin soviel mehr Angst hatte als vor der alten. Erst nachdem sie ihre Gefühle sorgfältig analysiert hatte, erkannte sie, daß diese Frau sie an eine bestimmte Lehrerin erinnerte, die ihr die Schulzeit zur Hölle gemacht hat.

Um Ihren Streß zu verringern, müssen Sie sechs Schlüsselfaktoren beachten:

1. Bewußtheit: Sie müssen lernen, rechtzeitig zu erkennen, wann Sie mit Streß konfrontiert werden. Bewußtheit können Sie fördern, indem Sie ein »Streß-Tagebuch« führen – besonders, wenn Sie unsicher sind, warum eine bestimmte Situation oder Person in Ihnen Angst hervorruft. Schreiben Sie fünf Tage lang alle Ereignisse und Situationen auf, die Sie besonders gestreßt haben. Berücksichtigen Sie:

Das Streß-Tagebuch hilft, Streßsituationen zu kontrollieren.

– Datum und Uhrzeit: Vielleicht entdecken Sie, daß Sie zu bestimmten Tageszeiten dem Streß besonders ausgeliefert sind. Das kann mit Ihrer inneren Uhr zusammenhängen. Lösen Sie daher schwierige Aufgaben zu den Tageszeiten, zu denen sie Ihnen leichter fallen.

– Situation: Streß kann seine Ursache auch in einem sarkastischen Kollegen oder reizbaren Chef haben. Manche Umgebungen wie ein Konferenzraum oder eine hektische Büroatmosphäre können in Ihnen Streß erzeugen.

– Gefühle: Notieren Sie genau Ihre Gedanken und körperlichen Reaktionen (trockener Mund, schnell schlagendes Herz).

– Intensität der Gefühle: Bewerten Sie sie auf einer Skala von 1 – 5 (1 = leichtes Streßgefühl, 5 = stark gestreßt und nicht mehr leistungsfähig). Zum Beispiel:

Streßtagebuch: Alex

Datum und Uhrzeit: Montag, 7. Mai, 10 Uhr 25

Situation: Im Büro. Frage mich, wie ich alle Termine hinkriege. Höre Telefone klingeln. Der Chef verlangt, daß ich den dringenden Bericht bis mittags fertig habe. Ich versuche zu erklären, daß es unmöglich ist, aber er schiebt meine Einwände mit dummen Sprüchen zur Seite.

Gefühle: Wut und Unwille

Intensität der Gefühle: 4

Kopieren Sie die Tagebuchseite unten und führen Sie Kopien beständig mit sich:

Streßtagebuch:

Datum und Uhrzeit:

Situation:

Gefühle:

Intensität der Gefühle:

2. Vorgefühl: Das Tagebuch hilft Ihnen, eine streßreiche Situation vorherzusehen, die dann vor dem inneren Auge ablaufen kann, bevor sie wirklich eintritt. Wenn Sie körperlich entspannt sind, können Sie solche Situationen zum guten Teil geistig bewältigen, bevor sie eintreten. Spielen Sie die Szene mit so vielen Einzelheiten wie möglich durch. Versuchen Sie, zu hören und zu fühlen, was passieren könnte, anstatt nur zu visualisieren. Erleben Sie in Ihrer Vorstellung, wie Sie ruhig und gelassen reagieren.

Bewältigen Sie den Streß in Ihrem Kopf, bevor er sich im Körper bemerkbar macht.

3. Vermeidung: Sie können Ihre Fähigkeit, mit Streß umzugehen, mit einem Bankkonto vergleichen. Jedes Mal, wenn Sie Geld abheben, wird das Geld weniger, bis Sie in den Soll-Bereich, in die roten Zahlen kommen. Wenn Sie ständig Streß ausgesetzt sind, verringern sich ebenfalls Ihre Reserven, bis Sie im roten Bereich angelangt Ihre Gesundheit ruinieren. Wenn Sie aber Situationen vermeiden, die Sie grundlos stressen, dann können Sie Ihre Reserven auf lange Sicht hin bewahren.

Erzeugen Sie nicht unnötig Streß durch zuviel Ehrgeiz.

4. Planung: Nicht immer werden Sie nur von der Arbeit gestreßt, sondern manchmal von falschem Ehrgeiz. Hierzu gehört ein selbstauferlegter Termin, den Sie nicht einhalten können. Obwohl es nicht notwendig wäre, liegen Sie nachts wach und überlegen, wie Sie wohl die Arbeit am nächsten Tag bewältigen können. Wenn Sie die Prioritäten klären und die Zeit effizienter einteilen, können »Zeitmangelerkrankungen« leichter vermieden werden.

5. Selbstbewußtsein: Sie müssen Ihre Rechte durchsetzen, genauso wie Sie die Rechte der anderen respektieren sollten. Das Geheimnis des Selbstbewußtseins ist Vertrauen, Zufriedenheit mit sich und die Fähigkeit, eigene Bedürfnisse und Gefühle entspannt und ehrlich formulieren zu können. Menschen, denen es an Selbstbewußtsein mangelt, setzen sich überflüssigem Streß aus, weil sie zu oft die Verantwortung anderer Menschen auf sich nehmen. Sie sagen zu oft »Ja« aus Angst, nicht gemocht zu werden. Sie versuchen, unrealistischen Erwartungen zu entsprechen, und können andere um nichts bitten.

6. Veränderungswille: Sogar wenn sich Menschen über die Situationen bewußt sind, die bei ihnen Streß erzeugen, versuchen sie kaum etwas, um die Probleme in den Griff zu bekommen. Eine Untersuchung hat gezeigt, daß 72 % der Männer und 40 % der Frauen, die zugeben, ständig gestreßt zu sein, nichts unternehmen, um ihren Lebensstil zu ändern. Als einzige Konsequenz lassen sie sich von ihrem Hausarzt Beruhigungsmittel verschreiben oder versuchen, sich selbst mit Alkohol zu helfen. Wenn Streß nicht aktiv behandelt wird, kann er chronisch werden und – wie im Fall von Peter – zu körperlicher Krankheit führen.

Wie gehen Sie mit Zeitdruck um?

Haben Sie schon einmal einen Nachmittag ohne Uhr verbracht?

Verbringen Sie doch einmal einen Vormittag oder Nachmittag ohne Uhr. Suchen Sie sich einen Tag aus, an dem Sie keine aufeinanderfolgenden Termine haben und Ihre Zeit mehr oder weniger nach eigenem Wunsch einteilen können. Wenn Sie zur Zeit soviel zu tun haben, daß Sie keinen ganzen Vor- oder Nachmittag finden können, dann nehmen Sie eine Stunde oder zwei, in denen Sie den Test durchführen können. Wenn Sie die Zeit ohne Uhr verbracht haben, kreuzen Sie die Aussagen an, die auf Sie zutreffen.

1. Ohne meine Uhr fühlte ich mich:
a) viel weniger fähig, meine Arbeit zu planen
b) weniger fähig, meine Arbeit zu planen
c) genauso fähig, meine Arbeit zu planen
d) fähiger, meine Arbeit zu planen
e) sehr viel fähiger, meine Arbeit zu planen

2. Ohne meine Uhr fühlte ich mich:
a) viel ängstlicher
b) ein wenig ängstlicher
c) nicht mehr und nicht weniger ängstlich

d) weniger ängstlich
e) viel weniger ängstlich

3. Ohne meine Uhr fühlte ich mich:
a) viel mehr gestreßt
b) etwas mehr gestreßt
c) nicht mehr und nicht weniger gestreßt
d) etwas weniger gestreßt
e) sehr viel weniger gestreßt

4. Ohne meine Uhr habe ich:
a) sehr viel mehr Arbeit erledigen können
b) etwas mehr Arbeit erledigen können
c) genausoviel Arbeit erledigen können
d) nicht soviel Arbeit erledigen können
e) sehr viel weniger Arbeit erledigen können

Bewerten Sie Ihre Antworten, indem Sie 5 Punkte für jede Antwort a), 4 Punkte für Antwort b), 3 Punkte für c), 2 Punkte für d) und 1 Punkt für jede Antwort e) geben. Sie können höchstens 20 Punkte erreichen.

Was Ihre Punktzahl aussagt:
15 – 20 Punkte: Gewohnheit und Routine spielen bei Ihrer Zeitplanung eine wichtige Rolle. Überlegen Sie, warum Sie bestimmte Dinge zu bestimmten Tageszeiten tun. Ist Ihnen dieses Muster von außen auferlegt, oder können Sie es ändern? Wenn das letztere zutrifft, sollten Sie sich überlegen, wie Sie Ihre Zeit anders einteilen können, um Streß zu vermeiden.
9 – 14 Punkte: Ihre Zeiteinteilung beruht mehr auf Gewohnheit als auf Zeitmanagement. Das kann unnötigen Streß verursachen. Versuchen Sie, die Macht der Gewohnheit zu besiegen und Veränderungen, die Ihren Streß verringern, mit Hilfe des Zeitprotokolls einzuleiten.
0 – 8 Punkte: Sie scheinen sich nicht besonders vom Zeitdruck beeindrucken zu lassen. Sie haben eine gute Grundlage, um Ihre Zeit effektiver und streßloser zu gestalten.

Zeiteinteilung, die auf Gewohnheit beruht, kann leicht zu Streß führen, wenn unvorhergesehene Situationen eintreten.

Ganz gleich, wieviel Punkte Sie erzielt haben, – die folgende Übung wird Ihnen helfen, einen natürlicheren Arbeitsrhythmus zu finden, denn Sie werden sich bewußt machen, welche Rolle die Zeit in Ihrem Leben spielt.

Versuchen Sie, in den nächsten Tagen Ihren Tagesablauf zu verändern. Das hängt natürlich davon ab, wieviel Freiheit und Flexibilität Ihnen am Arbeitsplatz zugestanden wird. Versuchen Sie es doch einmal mit folgenden Veränderungen:
– Wenn möglich, kommen Sie früher oder später. Bevor andere Mitarbeiter ankommen oder nachdem sie Feierabend haben, finden Sie vielleicht mehr Ruhe, schwierige Aufgaben ungestört zu erledigen.
– Nehmen Sie Ihre Mittagspause zu einem anderen Zeitpunkt. Wenn Sie früher oder später essen als alle anderen, werden Sie schneller bedient oder müssen nicht so lange anstehen. Es kann auch sehr entspannend sein, nur ein Sandwich zu essen und ein wenig spazieren zu gehen.
– Nutzen Sie das Wissen über Ihre biologisch besten Tageszeiten, um zum richtigen Zeitpunkt die wichtigen Verabredungen, Besprechungen, Aufgaben durchzuführen.

Elfmal Streß vermeiden

Sagen Sie mindestens einmal am Tag etwas Nettes zu einem Mitarbeiter.

1. Ändern Sie Ihren Standpunkt und Ihre Sichtweise!
– Lassen Sie nicht zu, daß Mitarbeiter Ihnen Streß bereiten. Betrachten Sie Grobheiten und Zynismus von Mitarbeitern als Zeichen für deren persönliche Probleme, nicht als Aussage über Ihre Person oder Ihre Fähigkeiten.
– Hegen Sie keinen langanhaltenden Groll gegen jemanden. Halten Sie sich an das, was John F. Kennedy gesagt hat: »Vergeben Sie Ihren Feinden. Aber vergessen Sie niemals ihre Namen!«
– Sagen Sie mindestens einmal am Tag etwas Nettes zu einem Mitarbeiter oder Kunden.
– Stellen Sie sich vor, was Sie in sechs Monaten oder Jahren über das Problem denken, das Ihnen Sorgen bereitet.

2. Stellen Sie Ihre Probleme in einen größeren Zusammenhang!
Jeder hat ein Problem, ist ein Problem oder lebt mit einem Problem. Wenige Probleme sind jedoch wirklich als katastrophal zu bezeichnen.

– Trennen Sie größere Probleme in kleinere auf, die sich leichter lösen lassen.
– Denken Sie positiv. Betrachten Sie Fehler und Rückschläge als Erfahrungen, die Sie machen. Suchen Sie den Vorteil in dem, was Ihnen passiert, ganz gleich, wie schlimm es am Anfang erscheint.

Fehler und Rückschläge sind Erfahrungen.

3. Sorgen Sie sich nicht, handeln Sie!
Lassen Sie sich durch Probleme nicht vom Handeln abhalten. Nur wenn Sie aktiv sind, können Sie Probleme loswerden.
Am meisten Sorgen macht man sich am frühen Morgen, wenn alles düster und trostlos erscheint. Der Stoffwechsel funktioniert langsam, die Körpertemperatur und der Blutzuckerspiegel sind niedrig. Diese körperlichen Symptome tragen ganz wesentlich zu Ihrer morgendlichen Verzweiflung und Hoffnungslosigkeit bei.
– Anstatt sich ihr auszuliefern, sollten Sie sich ablenken, indem Sie angenehme Musik hören, ein amüsantes Buch lesen oder sorgfältig die Entspannungsübungen von Punkt 7 auf S. 137/138 durchführen.
Wenn man sich sorgt, heißt das nichts anderes, als daß man seine Vorstellungskraft kontraproduktiv einsetzt, denn das meiste, worüber man sich Sorgen macht, tritt niemals ein.
– Deshalb: Hören Sie auf, sich Sorgen zu machen! Beginnen Sie lieber zu arbeiten, um die schwierige Situation zu verbessern, in der Sie sich befinden.

4. Hören Sie auf, sich etwas einzureden!
Seien Sie vorsichtig mit dem, was Sie sich selber sagen. Innere Monologe und kreisende Gedanken untergraben oft das Selbstvertrauen und schaffen unnötigen Streß, wenn sie nicht in eine positive Richtung gelenkt werden.
– Wenn Sie sich das nächste Mal einreden wollen, wie sinnlos alles ist und wie wenig Sie zu gebrauchen sind, vergleichen Sie diese Aussagen zuerst mit der Realität. Beruhen sie wirklich auf genauen Fakten oder nur auf zweifelhaften Annahmen?
– Sagen Sie sich positive Worte, die Ihr Selbstvertrauen fördern. Halten Sie sich an den Spruch des Psychologen Emile

Die eigenen Gedanken sind oft nicht frei, sondern untergraben das Selbstbewußtsein, weil sie zu eng um das Problem kreisen.

Coué, der bereits im 19. Jahrhundert sich immer wieder selber sagte: »Jeden Tag, auf jede Weise, werde ich besser und besser.«

5. Vertreiben Sie die Hektik aus Ihrem Leben!
Untersuchungen haben gezeigt: Je wohlhabender und kommerzialisierter eine Gesellschaft ist, desto schneller läuft der Lebensrhythmus. Alles, vom Einkaufen über das Sprechen bis zum Spazierengehen wird mit höherer Geschwindigkeit erledigt. Am schnellsten gehen die Japaner, gefolgt von Nordamerikanern, Engländern, Taiwanesen und Italienern.
Selbst wenn Sie das hektische Leben lieben, benötigen Körper und Geist doch Abwechslung. Sie müssen lernen, am Abend, an den Wochenenden und in kurzen Pausen abzuschalten. So können Sie einen langsameren Gang einlegen:
– Suchen Sie sich ein Hobby, das nicht in Eile erledigt werden kann. Versuchen Sie es mit Kochen, Malen, Modellbau, Gartenarbeit oder Töpfern.
– Machen Sie einen Ausflug aufs Land oder zumindest in Ihren Stadtpark, anstatt zu joggen. Legen Sie dabei Pausen ein, um die Landschaft zu betrachten.
– Anstatt einen harten Kampfsport, Tennis oder Squash auszuüben, sollten Sie eine Sportart wählen, die ohne Wettbewerb auskommt, wie Segeln, Wandern oder Schwimmen.
– Lesen Sie ein Buch, das nichts mit Ihrer Arbeit zu tun hat.
– Lernen Sie Yoga und Meditationstechniken, z. B. Autogenes Training. Besonders streßgeplagte leitende Angestellte entdecken die Kraft und Weisheit östlicher Philosophie.
Hierzu noch ein Vorschlag:
– Setzen Sie sich fünf Minuten allein in ein Zimmer und bewegen Sie sich fünf Minuten nicht.
– Konzentrieren Sie sich auf einen einzelnen Gedanken oder ein Bild in Ihrem Kopf.
– Wenn Sie Ideen haben,

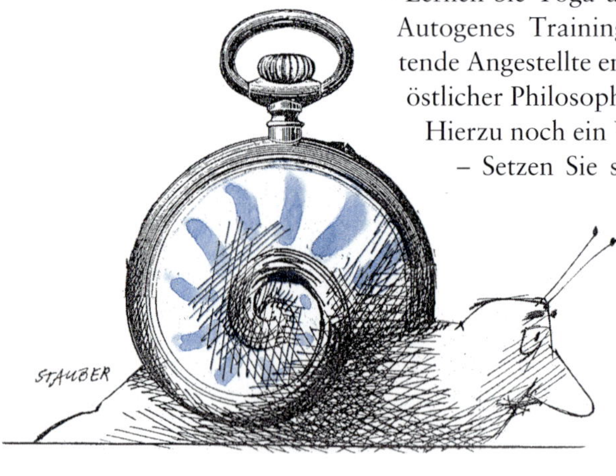

dann akzeptieren Sie diese, kehren aber sofort wieder zu Ihrem Gedanken zurück. Am Anfang empfinden Sie diese Übung vielleicht noch als schwierig, werden aber schnell merken, wie sie leichter wird.

Entdecken Sie die Langsamkeit!

Sobald es Ihnen gelungen ist, die Hektik aus Ihrem Inneren zu verbannen, halten Sie auch die Geschwindigkeit aus, die Ihnen die Außenwelt abverlangt.

6. Achten Sie auf Atmung und Körperhaltung!

Wenn wir gestreßt sind, geht unsere Atmung schneller und wird flacher, so daß nur der obere Teil der Lunge genutzt wird.
Das führt zu einer Reihe weiterer Symptome wie schnellem Herzschlag, Schmerzen im Brustkorb, Schwindelgefühl, Angst und Konzentrationsschwierigkeiten. Tiefes, rhythmisches Atmen kann Streß verringern. Dabei muß das Körpergewicht gleichmäßig auf Rücken, Beine und Becken verteilt sein.
Wenn dieses Gleichgewicht gestört ist, können Sie nicht richtig atmen. Haben Sie die Gewohnheit, sich beim Fahren über das Lenkrad zu lehnen oder sich auf den Schreibtisch zu stützen? Dabei lastet das meiste Gewicht auf Ihren Ellenbogen und Schultern.
Eine derart schlechte Körperhaltung schränkt die Effektivität Ihrer Lunge stark ein und vermindert die Fähigkeit, Streßsituationen zu bewältigen.
Lernen Sie deshalb, richtig zu atmen, damit Sie diesen Problemen nicht ausgesetzt sind. Die folgenden Übungen helfen Ihnen, sich zu entspannen und die Müdigkeit zu vertreiben, wenn Sie längere Zeit im Auto unterwegs gewesen sind oder am Computer gearbeitet haben:

Gerade Körperhaltung erleichtert die Atmung und vermindert den Streß.

- Setzen Sie sich bequem in aufrechter Körperhaltung auf einen Stuhl und schließen Sie die Augen.
- Legen Sie eine Hand auf den Brustkorb und die andere auf den Bauch.
- Atmen Sie langsam und tief durch Ihre Nase.
- Wenn Sie ausatmen, ziehen Sie bewußt die Bauchmuskeln ein.

– Wiederholen Sie das elfmal.

Führen Sie diese Übung jeden Tag einige Minuten lang durch, bis Sie wieder gleichmäßig und tief atmen, wenn Sie sitzen, stehen oder liegen.

7. Massieren Sie den Streß weg!

Massage ist eine einfache natürliche Möglichkeit, Streß zu verringern. Die folgende Übung vertreibt geistige und körperliche Müdigkeit nach dem Fliegen, Autofahren oder anstrengenden Arbeiten, die große Konzentration erfordert haben:

– Legen Sie die Zeigefinger links und rechts an die Nase direkt unterhalb der Augenbrauen.

– Drücken Sie zehn Sekunden lang.

– Massieren Sie mit Ihren Fingerspitzen kreisförmig und sehr sanft die Augen.

– Wiederholen Sie das dreimal.

– Führen Sie die Daumen leicht drückend von der Nase über die Augenbrauen nach außen.

– Drücken Sie die Fingerspitzen gegen die Schläfen. Bewegen Sie die Fingerspitzen dann kreisförmig von der Nase über die Augenbrauen zu den Schläfen und hinunter zu den Wangenknochen.

– Reiben Sie schließlich die Hände schnell aneinander und legen Sie sie leicht auf Augen und Stirn. Spüren Sie, wie die Wärme in die Augen und das Gesicht fließt und alle verbliebenen Verspannungen löst

8. Vertreiben Sie den Flugstreß!

Versuchen Sie, nach einem Flug an die frische Luft zu kommen!

Die Luft in Flugzeugen ist trocken, stickig und voller positiv geladener Ionen. Diese elektrischen Teilchen, die auch kurz vor einem Gewitter in der Luft in hoher Konzentration enthalten sind, lösen im Körper die Produktion eines Stoffes namens Serotonin aus. Dieses Hormon steigert unsere Müdigkeit und Gereiztheit.

Negativ geladene Ionen dagegen treten häufig in Bergen, Pinienwäldern, am Meer, in der Nähe von Wasserfällen und schnell fließendem Wasser auf und erzeugen das Gefühl von Kraft und Wohlbefinden.

So können Sie die Unannehmlichkeiten des Fliegens wie Streß oder Jet-lag vermeiden:

Meiden Sie im Flugzeug alkoholische Getränke!

Im Flugzeug:
– Stehen Sie immer wieder auf, und stellen Sie sich auf die Zehenspitzen. Verlagern Sie das Gewicht von einem Fuß auf den anderen.
– Trinken Sie viel Wasser, und vermeiden Sie Alkohol und kohlensäurehaltige Getränke.
– Wenn Sie schlafen wollen, nehmen Sie eine kohlenhydratreiche Mahlzeit zu sich, zum Beispiel ein Nudelgericht.
– Wenn Sie wachbleiben wollen, essen Sie am besten eiweißhaltige Nahrung wie Fisch, Huhn, Eier, Milchprodukte oder Bohnen.
– Nach einem Nachtflug nehmen Sie ein proteinreiches Frühstück zu sich, zum Beispiel Käse oder Nüsse.
– Essen Sie am Abend vegetarisch oder verzichten Sie auf das Fleisch.

– Vermeiden Sie Tee und Kaffee am Tag vor dem Flug. Dann trinken Sie davon zwei Tassen am Morgen, wenn Sie westwärts reisen, am Abend, wenn Sie Richtung Osten unterwegs sind.

Nach der Landung:
– Gehen Sie in den nächsten Park, am besten zu einem Brunnen oder einer größeren Wasserfläche. Wenn Sie auf dem Land sind, steigen Sie auf einen Hügel oder halten sich an einem fließenden Gewässer auf. Machen Sie einen Spaziergang am Strand. Hier können Sie wieder negativ geladene Ionen tanken.
– Im Hotel öffnen Sie – wenn möglich – das Fenster. Wenn das nicht geht, nehmen Sie eine warme, nicht zu heiße Dusche.

9. Entspannen Sie sich am Abend!

Entspannen Sie sich, bevor Sie nach Hause fahren.

Diese einfache Übung hilft besonders gut, um nach getaner Arbeit abzuschalten, bevor Sie sich auf den Nachhauseweg machen.
– Setzen Sie sich, entspannen Sie sich, schließen Sie halb die Augen, und konzentrieren Sie sich auf einen Farbfleck, den Sie in einiger Entfernung wahrnehmen.
– Atmen Sie langsam und tief, während Sie sich auf den Fleck konzentrieren.
– Richten Sie Ihre ganze Aufmerksamkeit sechzig Sekunden lang nur auf diesen Fleck.
Nach diesen sechzig Sekunden stehen Sie auf und kehren zum normalen Tagesablauf zurück, nehmen dieses tiefe Gefühl von geistiger Entspannung mit in den Feierabend.

10. Verringern Sie körperlichen Streß durch Entspannung!

Während Sie sich entspannen, sollten Sie bequem sitzen oder liegen. Öffnen Sie zu enge Gürtel oder Knöpfe. Manche Menschen bevorzugen es, sich in einem abgedunkelten Raum zu entspannen, aber das ist eine Frage des Geschmacks. Das Geheimnis erfolgreicher Entspannung ist passive Konzentration. Konzentrieren Sie sich auf das, was passiert, ohne etwas passieren zu lassen.

– Atmen Sie gleichmäßig, ohne zwischen Ein- und Ausatmen zu pausieren. Immer wenn Sie ausatmen, sagen Sie sich in Gedanken: *Ich bin ganz ruhig.*
– Jetzt pressen Sie die Hände so fest wie möglich zusammen. Zählen Sie langsam bis fünf, dann lockern Sie die Finger. Fühlen Sie, wie die Spannung aus ihnen fließt? Bemerken Sie den Unterschied zwischen Spannung und Entspannung in diesen Muskeln?
– Spannen Sie die Muskeln in den Oberarmen, den Bizeps an, indem Sie versuchen, mit den Handrücken die Schultern zu berühren. Genau wie mit den Händen halten Sie die Spannung so lange an, bis Sie langsam bis fünf gezählt haben. Lassen Sie dann die Arme an jeder Seite herabbaumeln. Fühlen Sie, wie die ganze Spannung aus den Händen und Armen entweicht?
– Ziehen Sie die Schultern so weit wie möglich nach oben. Drücken Sie gleichzeitig Ihren Kopf nach hinten gegen eine Stütze. Zählen Sie wieder langsam bis fünf. Lassen Sie die Schultern fallen. Spüren Sie, wie die Spannung entweicht, aus den Schultern, Armen, Händen, aus den Fingern, aus dem Raum.
– Öffnen Sie die Augen so weit wie möglich und zählen Sie bis fünf. Entspannen Sie sich. Jetzt runzeln Sie die Stirn und zählen nochmals bis fünf. Spüren Sie, wie die Spannung die Gesichtsmuskeln verläßt?
– Holen Sie tief Luft und halten Sie sie an. Spannen Sie die Bauchmuskeln an, als ob Sie gleich einen Magenschwinger bekommen würden. Zählen Sie langsam bis fünf, dann entspannen Sie die Muskeln. Atmen Sie pfeifend aus, anschließend ruhig und gleichmäßig weiter.

Versetzen Sie sich an einen Sandstrand oder an ein Flußufer.

Sagen Sie beim Ausatmen weiter den Satz *Ich bin ganz ruhig* vor sich hin. Spüren Sie, wie Sie sich immer mehr entspannen, Ihr Körper schwer und warm wird?
– Strecken Sie die Beine und Zehenspitzen und kneifen Sie die Gesäßbacken zusammen. Noch einmal müssen Sie bis fünf zählen, dann können Sie locker lassen und fühlen, wie entspannt die Muskeln sind. Wenn Sie jetzt noch einmal das Gefühl von Streß in Ihnen auftauchen sollte, begegnen Sie

ihm am besten, wenn Sie sich in Gedanken an einen warmen tropischen Sandstrand versetzen oder in einen Park an das Ufer eines sanft dahinfließenden Flusses. Gedanken, die jetzt auftauchen, können Sie gleichgültig zur Kenntnis nehmen und vergessen, indem Sie wieder an den Strand oder das Flußufer zurückkehren. Stehen Sie nach einer Entspannungsübung immer langsam auf und tragen Sie das neue Gefühl mit in die Arbeit an Ihrer nächsten Aufgabe.

11. Durch Fitneß den Streß vertreiben

Fitneß schützt vor Streß!

Maßvolle, regelmäßige Fitneßübungen, die den Herzschlag erhöhen, wirken Wunder. Ganz gleich, ob Spazierengehen, Joggen, Schwimmen oder Radfahren. Wenn Sie am Stück länger als zwanzig Minuten Sport treiben, halten Sie sich nicht allein für Ihre täglichen Aufgaben fit, sondern auch langfristig gesund.

Wenn Sie diese Empfehlungen gemeinsam mit den Regeln für ein besseres Zeitmanagement in die Praxis umsetzen, können Sie in allen Dingen sehr schnell erfolgreicher leben, arbeiten und etwas bewirken.

14 Wie Unternehmenserfolg von der Zeit abhängt

Wer die Zeit verklagen will,
daß so zeitig sie verraucht,
der verklage nur sich selbst,
daß er sie nicht zeitig braucht.
Friedrich von Logau

Zeit ist für Unternehmen eine wichtige Ressource.

Seit langem wissen Unternehmen, wie sehr der Erfolg von den beiden Schlüsselressourcen Kapital und Arbeit abhängt. Heutzutage ist eine nicht weniger wichtige Ressource hinzugekommen – die Zeit. Eine zehn Jahre dauernde Untersuchung mehrerer hundert Firmen hat gezeigt, daß Zeit für den Erfolg eines Unternehmens eine Schlüsselstellung einnimmt: Die Zeit wurde höher bewertet als Kosten, Verkaufserfolg, Produktion oder Produktverbesserung. Zeit beeinflußte alle geschäftlichen Bereiche von der Auslieferung bis zur Forschung und Entwicklung, vom Wettbewerbserfolg bis zur Kundenbetreuung.

Wie in Ihrer Firma Zeit besser genutzt werden kann

Bisher haben wir uns auf Möglichkeiten konzentriert, wie jeder für sich seine Zeit besser einteilen kann. Dieses Kapitel richtet sich besonders an jene, die Veränderungen in der Organisation der Firma verwirklichen können. Ich werde Ihnen zeigen, warum Sie die Zeit nicht vernachlässigen dürfen, und schlage Ihnen Hilfsmittel vor, wie Sie diese endliche und fließende Ressource besser nutzen können.

Fünfzehn Techniken des Zeitmanagements in Unternehmen

Setzen Sie Ihren Angestellten klare Ziele, die sie erreichen können!

1. Setzen Sie Ihren Angestellten klare Ziele: Eine Untersuchung zeigte, daß Zielsetzung die Arbeit mehr verbessert als jede andere Managementmaßnahme – mehr noch als höhere Löhne oder die Einführung von Gleitzeit.

2. Gliedern Sie langfristige, komplexe Aufgaben in kurzfristige, genau definierte Ziele, die innerhalb von Tagen oder Wochen zu erreichen sind. Kurzfristige Ziele erscheinen psychologisch gesehen »wirklicher« als langfristige.

3. Lassen Sie sich von Zielen leiten, nicht beherrschen. Wenn sich die eingeschlagene Richtung als nicht weiterführend erweist, sollten Sie nicht darauf bestehen, sie weiterzuverfolgen, da das blinde Jagen nach einem Ziel in die Irre führen kann und die Qualität der Arbeit verringert.

4. Wählen Sie Ihre Ziele so aus, daß sie greifbare, meßbare Ergebnisse bringen. Es ist besser, Sie versuchen den Output um x Prozent zu steigern oder die benötigte Zeit durch effektives Zeitmanagement um x Stunden zu verringern, als daß Sie sich das vage und unvernünftige Ziel setzen, die »Produktivität zu steigern.«

5. Unterbinden Sie die Versuche von Angestellten, sich in Geschäftigkeit zu stürzen, anstatt die Geschäfte weiterzubringen, indem Sie klar definierte Ziele setzen und ihnen dafür die Verantwortung übertragen.

6. Legen Sie schriftlich Arbeitspläne, detaillierte Zeitpläne und Termine fest.

Bestehen Sie auf Veränderungen im Umgang mit der Zeit.

7. Weiten Sie die Zeitmanagement-Maßnahmen aus, sobald Sie einen Erfolg bemerken. Nehmen Sie sich gleichzeitig mehr Ziele vor, behalten Sie aber den Überblick durch genau bemessene Arbeitspläne.

8. **Akzeptieren Sie** nicht, wie gegenwärtig mit der Zeit umgegangen wird. Sprechen Sie darüber, daß mit der Einführung von Team-Strukturen auch die Geschwindigkeit der Arbeit gesteigert werden soll. Erwarten Sie das von Ihrem Team! Aber geben Sie den Mitarbeitern auch die Möglichkeiten und Werkzeuge in die Hand, die Arbeitsgeschwindigkeit zu steigern, ohne ein Ausbrennen oder einen Zusammenbruch der Arbeitsmoral zu riskieren.

Beseitigen Sie überflüssige Arbeitsvorgänge!

9. **Beseitigen Sie** wertlose Zwischenschritte, das heißt, alles was der Kunde nicht bezahlen würde, wenn man ihm die Wahl ließe. Man kann dies mit der Frage beschreiben: »Würde das Dach einstürzen, wenn wir diese Aufgabe nicht ausführen?« Lautet die Antwort »Nein«, dann lassen Sie die Aufgabe weg. Als American Airlines die Oliven im Salat des Bord-Essens wegließ, merkte dies kein Passagier. Die Gesellschaft spart dadurch jährlich 100.000 Dollar ein. Kleine Veränderungen können großen Gewinn bringen. Wenden Sie die »Oliven«-Philosophie auch in Ihrer Firma an!

10. **Rationalisieren und normieren Sie** den Arbeitsprozeß. Beseitigen Sie überflüssige Arbeitsvorgänge, suchen Sie

Muster, nach denen die Arbeit schneller erledigt werden kann. Versuchen Sie nicht, das Rad ein zweites Mal zu erfinden.

11. Beseitigen Sie Auftragsrückstände, die den größten Teil an Zeitverlust bedeuten. Weigern Sie sich, Auftragsrückstände als Teil des normalen Geschäftslebens zu sehen. Geben Sie genügend Zeit, diese Rückstände zu beseitigen, und überlegen Sie sich dann Maßnahmen, damit solche Rückstände nicht mehr auftreten.

12. Ihre Manager müssen nicht über jede Einzelheit informiert sein, sondern nur über die wichtigen Dinge, Ausnahmen und Besonderheiten, die von üblichen Arbeitsabläufen abweichen. Ein Ausnahmebericht über den Verkauf beschränkt sich auf die Verkäufer, die weniger als 90 % oder mehr als 110 % der Quote erreicht haben. Solche Ausnahmeberichte geben Managern die Möglichkeit, direkt auf Probleme einzugehen und sie zu beseitigen, anstatt Zeit damit zu verschwenden, über Dinge nachzudenken, die so laufen, wie sie laufen sollen. Das Hauptproblem solcher Ausnahmeberichte besteht darin, die Parameter anfänglich festzulegen. In einigen Bereichen ist es leichter, in anderen schwieriger.
Probleme entstehen auch, wenn zuviel schiefgeht. Aus kurzen Ausnahmeberichten werden dann Schriftstücke von unübersehbarer Länge.

Kein Manager muß über jede Einzelheit informiert sein.

13. Motivieren Sie Ihre Mitarbeiter, die 10-Minuten-Zeitmanagement-Methoden anzuwenden, die in diesem Buch beschrieben sind. Sie werden sehen, wie allein ein Zeitprotokoll die Motivation und Produktivität Ihrer Mitarbeiter wesentlich verändert.
Diskutieren Sie die Ergebnisse offen mit Ihren Mitarbeitern, ohne zu urteilen oder zu drohen. Versuchen Sie, aus dem zu lernen, was Ihre Angestellten sagen. Nutzen Sie dieses neugewonnene Wissen, um weitere Zeitverschwendung zu vermeiden. Nutzen Sie methodisch und entschlossen die Ressource Zeit, genau wie die Ressourcen Kapital und Arbeitskraft.

Motivieren Sie Ihre Mitarbeiter, die 10-Minuten-Zeitmanagement-Methoden anzuwenden.

15 Zeitmanagement in 10 Minuten

Nichts gehört uns zu eigen ... nichts als die Zeit.
Seneca

Bevor Sie dieses Schlußkapitel lesen, müssen Sie Ihr Zeitprotokoll über fünf Arbeitstage geführt haben, denn nur durch diese Informationen können Sie die Zeit genau berechnen, die Sie mit einer Aufgabe verbracht haben, genau wie ihre Priorität, jede Störung und Verzögerung.
Mit diesem Wissen können Sie jetzt einen Plan entwickeln, um jede Woche bis zu zehn Stunden Zeit einzusparen (wieviel Sie einsparen, hängt davon ab, wie effektiv Sie bisher bereits Ihre Zeit genutzt haben). Sie müssen dafür jeden Tag nur zehn Minuten investieren.

Woher kommen die zehn Stunden?

Der Zeitsparplan

Und so geht es: Schauen Sie Ihr Zeitprotokoll durch, und beantworten Sie die folgenden 10 Fragen (0 Punkte = nie, 1 Punkt = selten, 2 Punkte = manchmal, 3 Punkte = oft):

1. Wieviel Ihrer Zeit haben Sie an Aufgaben von niedriger Priorität verschwendet?
Wenn Ihre Punktzahl 2 oder 3 war, dann können Sie mehr Zeit mit wichtigen Aufgaben verbringen, indem Sie:
– Effektiver und häufiger delegieren. Fragen Sie sich: Habe ich alle Aufgaben delegiert, die ein anderer erledigen kann, der weniger verdient als ich?

Wenn Sie Manager sind, müssen Sie es vermeiden, sich jeder Einzelheit annehmen zu wollen. Wenn Sie in diesen Dingen Ihren Mitarbeitern vertrauen, sparen Sie nicht nur Zeit, sondern sind auch ein besserer Manager.

Lassen Sie alltägliche Probleme nicht zu nah an sich heran …

Lassen Sie alltägliche Aufgaben und Probleme emotional nicht zu nah an sich heran, dann haben Sie mehr Kraft, Krisen zu bewältigen. Befreien Sie sich also von allen Aufgaben, die Sie delegieren können.

– Sagen Sie oft genug »Nein«? Sie müssen mehr Sicherheit darin gewinnen, unwichtige Aufgaben abzulehnen. Andere dürfen nicht mehr unangenehme Arbeiten auf Sie abwälzen, es sei denn, Sie können dadurch eines Ihrer Ziele besser erreichen.

– Fragen Sie sich oft genug: »Warum mache ich das eigentlich?« Vor jeder neuen Aufgabe sollten Sie sich diese Frage stellen, um jede Arbeit wegzulassen, die Sie nicht weiterbringt.

– Verschieben Sie Aufgaben, die wichtig, aber nicht so dringend wie andere sind. Enthüllt Ihr Zeitprotokoll, daß Sie manchmal Aufgaben als wichtig und dringend eingestuft haben, obwohl sie nur wichtig waren? Hätten Sie Zeit gespart, wenn Sie die Aufgabe verschoben hätten?

– Vermeiden Sie den Fehler, Aufgaben sofort zu erledigen, die dringend, aber nicht wichtig sind. Fragen Sie sich lieber: »Wie kann ich das besser lösen?« oder »Warum muß ich das überhaupt tun?«

… dann haben Sie mehr Kraft, Krisen zu bewältigen.

– Legen Sie Ihre Prioritäten sorgfältiger fest. Manchmal erweisen sich wichtige Aufgaben als unwichtig und fallen auf die unteren Plätze Ihrer Liste zurück, während andere aufrücken. Das passiert beispielsweise, wenn Sie den Zeitbedarf nicht richtig einschätzen.

Einer Aufgabe, die nicht dringend war, müssen Sie sehr schnell eine andere Priorität zuweisen, wenn der Termin nach vorn rückt oder ein Zulieferer Sie hängen läßt. Überlegen Sie schon vorher, was schiefgehen kann, und denken Sie über Schritte nach, Krisen anzugehen, bevor sie nicht mehr zu bewältigen sind (siehe S. 153/154).

Berechnen Sie die Prioritäten der Aufgaben, die Sie zu lösen

haben. Gehen Sie Ihr Zeitprotokoll durch und streichen Sie die Aufgaben an, bei denen Sie Zeit verschwendet haben, weil Sie die Priorität nicht richtig einschätzen konnten.
Jetzt können Sie die Zeit zusammenzählen, Frage 1 beantworten und sich das Ergebnis notieren:
Mögliche Zeitersparnis: .... Minuten

2. Wie oft habe ich selbst etwas getan, was ich delegieren kann?
Wenn sie 2 oder 3 ankreuzen, dann sollten Sie lernen, Arbeiten wegzugeben, falls es nicht unbedingt nötig ist, sie selbst zu erledigen. Sogar wenn Sie selbständig in einem kleinen Büro arbeiten, ist es oft günstiger, Routineaufgaben an freie Mitarbeiter zu geben.

Überlegen Sie schon vorher, welche Probleme auf Sie zukommen können!

Denken Sie auch darüber nach, wie Sie mit Hilfe der Technik Zeit einsparen können. Moderne Kommunikationsmittel wie Anrufbeantworter und E-Mailing helfen, sehr viel Zeit einzusparen.
Gehen Sie Ihr Zeitprotokoll durch und streichen Sie die Aufgaben an, bei denen Sie durch Delegieren oder Auslagern noch Zeit sparen können.
Mögliche Zeitersparnis: .... Minuten

Noch einmal: Auch eine kurze Unterbrechung kann einen erheblichen Zeitverlust verursachen.

3. Wie oft wurde ich unterbrochen und gestört, während ich an einer Aufgabe mit hoher Priorität gearbeitet habe?
Wenn Sie 2 oder 3 angekreuzt haben, müssen Sie Wege finden, die Zahl der Unterbrechungen zu verringern. Auch eine kurze Unterbrechung kann einen erheblichen Zeitverlust verursachen. Versuchen Sie, das zu verhindern, indem Sie:
– eine Stunde früher zur Arbeit kommen oder eine Stunde länger als die anderen bleiben. Sie sparen dadurch vielleicht noch mehr Zeit, weil Sie nicht zur Hauptverkehrszeit unterwegs sind.
– einen Teil der Arbeit zu Hause erledigen. Besonders leitende Angestellte betonen, daß das sehr viel Zeit spart, weil Sie sich endlich auf die wichtigen Aufgaben richtig konzentrieren können.
– vorschlagen, daß Ihre Abteilung einige Stunden am Tag eine besuchs- und anruffreie Zeit festlegen kann. Während dieser Zeit werden zwar Nachrichten, aber keine Anrufe entgegengenommen oder Besucher empfangen.
– wenn das nicht möglich ist, einen Turnusplan organisieren, nach dem während der Morgenstunden immer nur ein Mitarbeiter Anrufe entgegennimmt, während die anderen ungestört arbeiten können.
– hereinplatzende Besucher mit den Methoden des Kapitels 6 auf S. 51 – 56 entmutigen.
– Aufgaben zusammenlegen, die sich ähneln. Diktieren Sie alle Briefe auf einmal, oder erledigen Sie Telefonanrufe zu einer bestimmten Tageszeit.
Gehen Sie Ihr Zeitprotokoll durch und vermerken Sie alle Aufgaben, die Sie schneller erledigt hätten, wenn Sie nicht so oft unterbrochen worden wären. Zählen Sie zu jeder Unterbrechung fünf Minuten hinzu. Das ist die Zeit, die Sie gebraucht haben, um sich wieder voll Ihrer Aufgabe widmen zu können. Zählen Sie die Zeit zusammen, die Sie sparen können:
Mögliche Zeitersparnis: .... Minuten

4. Wie oft habe ich meine Prioritäten geändert, indem ich von einer Aufgabe zur nächsten gesprungen bin?

Ändern Sie zu oft die Prioritäten?

Wenn Sie 2 oder 3 ankreuzen, sollten Sie überlegen, ob die Störungen zu bestimmten Tageszeiten oder an manchen Wochentagen häufiger auftreten. Es kann sein, daß das Telefon beständig zwischen 9 und 12 Uhr klingelt, während nachmittags kaum noch jemand anruft. Wenn Sie so ein Muster entdecken, sollten Sie den Arbeitsplan darauf abstimmen und weniger wichtige Aufgaben dann erledigen, wenn wenig los ist.
Gehen Sie Ihre Zeitprotokolle durch und überlegen Sie, wo sich Zeit einsparen läßt.
Mögliche Zeitersparnis: .... Minuten.

5. **Wieviele Störungen** hatten eine niedrigere Priorität als die Aufgabe, an der Sie gerade gearbeitet haben?
Obwohl das seltener passiert, sollten Sie dennoch Wege finden, diesen Zeitbanditen von sich fern zu halten. Wenden Sie dafür die verschiedenen Methoden dieses Buches an!
Mögliche Zeitersparnis: .... Minuten.

6. **Wie oft haben Sie** eine unangenehme Aufgabe mit hoher Priorität nicht sofort erledigt, sondern aufgeschoben?

Hatten Sie vor einer Aufgabe Angst?

Wenn Sie 2 oder 3 ankreuzen, überlegen Sie, warum Sie der Versuchung erlegen sind.
Hatten Sie vor der Aufgabe Angst, oder war sie so langweilig, daß Sie sich nicht überwinden konnten? Denken Sie daran, jede Aufgabe zuerst mit folgenden Fragen zu überprüfen: »Warum soll ich sie tun? Welchem Ziel komme ich näher, wenn ich sie erledige?«
Vielleicht ist es eine Aufgabe, die Sie delegieren oder weglassen können?
Manchmal sind Sie vielleicht auch einfach nur zu müde, um diese Aufgabe zu erledigen. Es fehlt Ihnen an körperlicher und/oder geistiger Energie, um das Problem zu lösen. Dadurch schweifen Ihre Gedanken ab, was ganz natürlich ist, denn niemand kann von 9 Uhr bis 17 Uhr die volle Leistung bringen.
Helfen Sie sich, indem Sie Ihre innere Uhr kennenlernen und Ihren Biorhythmus soweit wie möglich auf die Arbeitsum-

stände abstimmen. Wenn Sie morgens am meisten Energie haben, sollten Sie auch dann die schwierigsten Aufgaben anpacken. Wenn Sie dagegen erst am Nachmittag munter werden, verschieben Sie die Aufgaben. In Anhang auf S.156/157 finden Sie eine Methode, mit der Sie den Rhythmus Ihrer inneren Uhr kennenlernen.

Kreuzen Sie in Ihren Zeitprotokollen die Situationen an, in denen Sie Aufgaben von hoher Priorität unnötig verzögert haben. Zählen Sie die Zeit zusammen, die Sie sparen könnten, wenn Sie konzentrierter und disziplinierter arbeiten würden:

Mögliche Zeitersparnis: .... Minuten

7. **Wie oft hätten Sie** eine Aufgabe schneller erledigt, wenn Sie sie anders erledigt hätten?

Manchmal wird durch Routine Zeit verschwendet.

Die meisten Menschen, ja, ganze Abteilungen von Firmen erledigen Dinge aus Gewohnheit immer auf die gleiche Weise, was einerseits Zeit spart, andererseits Zeit verschwendet, wenn der Arbeitsgang – zur Routine geworden – nicht mehr hinterfragt wird. Ein Beispiel hierfür sind Aktennotizen, die zum Selbstzweck geworden sind. Selbst mit den Schnellesetechniken, wie sie in Kapitel 10 auf S. 90–95 beschrieben sind, kann durch interne Mitteilungen sehr viel Zeit verschwendet werden, da sich die wenigsten Menschen fragen, ob sie überhaupt notwendig sind.

Wenn Ihr Zeitprotokoll zeigt, daß eine erhebliche Menge von Zeit durch Routineaufgaben verbraucht wird, sollten Sie sich wirksamere Wege überlegen, um dasselbe Ergebnis zu erzielen.

Mögliche Zeitersparnis: .... Minuten.

8. **Wieviel Zeit haben Sie** mit persönlichen Gesprächen oder arbeitsfremden Tätigkeiten verschwendet?

Lassen Sie sich nicht von anderen Dingen ablenken, wenn Sie auf Konferenzen sind.

Während es natürlich nötig ist, mit Kunden, Mitarbeitern oder Zulieferern nicht nur über Geschäfte zu reden, um ein persönliches Klima zu schaffen, so sollten Sie darauf achten, nicht zuviel Zeit mit Tätigkeiten zu verbringen, die Sie von Ihren Zielen abhalten:

– Welchen Anteil hat die persönliche Plauderei bei geschäftlichen Telefongesprächen?
– Wieviel Zeit haben Sie mit Besuchern über allgemeine und persönliche Dinge gesprochen, anstatt über Geschäfte zu reden?
– Wenn Sie an Ortsterminen oder wichtigen Besprechungen außer Haus teilnehmen, sollten Sie bis in den späten Nachmittag weder persönliche Telefongespräche führen noch in Ihrer Firma anrufen. Sie sollen sich auf die Arbeit vor Ort konzentrieren und sich nicht von anderen Aufgaben ablenken lassen.
Zählen Sie die verschwendete Zeit zusammen und notieren Sie die Summe:
Mögliche Zeitersparnis: .... Minuten.

9. **Wie oft mußten Sie** Aufgaben von hoher Priorität verschieben, weil Sie Aufgaben korrigieren mußten?
Denken Sie immer daran, daß alles immer länger dauert, als man anfangs glaubt. Besonders dann, wenn man eine Aufgabe zum ersten Mal erledigt.
Es braucht Zeit, bis man etwas erlernt hat. Und das gilt nicht nur für Sie, sondern für alle Mitarbeiter Ihres Teams.

Denken Sie darüber nach, was schiefgelaufen ist, wenn Sie die Krise bewältigt haben.

– Bei ungewohnten Aufgaben können Sie die Produktivität steigern, wenn Sie soviel wie möglich auf gewohntem Wege erledigen und so wenig wie möglich neu machen. Wenn Sie Briefe am Computer schreiben, nutzen Sie ein Standardlayout und Textbausteine, so daß nur noch die neue Information formuliert und eingefügt werden muß.
– Wenn Sie sich Termine setzen, sollte immer für unvorhergesehene Probleme Zeit einkalkuliert werden. Die Erfahrung zeigt: Wenn etwas schiefgeht, dann passiert immer das Schlimmste zum falschen Zeitpunkt. Überlegen Sie vorher, wie Sie mit Problemen zurechtkommen können, die plötzlich auftreten. Je früher Sie ein auftretendes Problem anpacken, desto leichter ist es zu lösen. Ein chinesisches Sprichwort sagt: Selbst die größten Probleme waren einmal kleine Probleme.
– Wenn Sie eine Krise bewältigt haben, überlegen Sie, was

schiefgelaufen ist und wie Sie ähnliche Probleme beim nächsten Projekt vermeiden.
Addieren Sie die Zeit, die unnötige Mangement-Krisen Sie gekostet haben:
Mögliche Zeitersparnis: .... Minuten.

10. Wie oft haben Sie *tote Zeit* (Wartezeiten, Reisezeiten) verschwendet?
Wenn Sie 2 oder 3 angekreuzt haben, dann verschwenden Sie fahrlässig Zeit, die sich leicht nutzen ließe. Daß heißt nicht, daß Sie nie wieder fernsehen, einen Bestseller lesen oder den Bordfilm im Flugzeug ansehen sollen.
Entspannen Sie sich, genießen Sie, daß Sie Zeit zum Nachdenken haben. Das ist sehr wichtig für einen Menschen, der erfolgreich sein will. Nur müssen Sie sich bewußt entspannen und die Zeit des Nichtstuns nutzen, anstatt sie nur gelangweilt vergehen zu lassen. Wieviel tote Zeit können Sie auf diese Weise besser erleben?
Mögliche Zeitersparnis: .... Minuten.

Soviel Zeit können Sie sparen!

Zählen Sie Ihre Zeit zusammen! Es ist Zeit, die Ihnen in Zukunft zur Verfügung steht!

Ermitteln Sie die Summe an Zeit, die Sie bisher verschwendet haben. Diese Summe ist ein Teil der Zeit, die Sie jede Woche einsparen können, wenn Sie die Methoden dieses Buches anwenden.
Je nachdem, wie erfolgreich Sie bereits Ihre Zeit einteilen, können Sie jeden Tag bis zu zwei Stunden sparen, manchmal sogar noch mehr. Das sind mindestens zehn Stunden jede Woche.
Bevor Sie aber die Methoden dieses Buches richtig anwenden können, müssen Sie zwei Voraussetzungen erfüllen:
1. Sie müssen klare Ziele haben, um Ihrem Leben eine Richtung zu geben. Was möchten Sie erreichen, und was tun Sie dafür? Denken Sie daran, daß ohne Ziele alles in Ihrem Leben auf Glück und Zufall beruht.
2. Sie müssen wissen, wie Sie Tag für Tag Ihre Zeit verbringen.

Drei Dinge müssen Sie tun

Von jetzt an investieren Sie jeden Tag in diese drei Aufgaben insgesamt zehn Minuten:
– Schreiben Sie ein Zeitprotokoll: Das wird – über den Arbeitstag verteilt – nicht mehr als fünf Minuten kosten. Wenn Sie mehr Zeit damit verbringen, schreiben Sie wahrscheinlich zu viele Einzelheiten auf. Benutzen Sie mehr Abkürzungen.
– Analysieren Sie Ihren Zeitverbrauch: Am Ende des Arbeitstages untersuchen Sie einige Minuten Ihr Zeitprotokoll und überlegen sich, mit welchen Mitteln Sie welche Aufgaben wegschieben, weglassen oder weggeben können.
– Schreiben Sie Ihre Aufgaben in das Aufgaben-Prioritäten-Schema. Schreiben Sie die wichtigsten davon auch in die ersten Zeilen eines Zeitprotokoll-Formulars, damit Sie sich am nächsten Tag auch wirklich darauf konzentrieren.
Und mehr gibt es eigentlich nicht zu tun. Wenn Sie jeden Tag zehn Minuten dafür investieren, machen Sie sich selber nicht nur das Geschenk eines zusätzlichen Arbeitstages, sondern arbeiten wesentlich effektiver und mit weniger Streß.
»Die Zeit verdarb ich – nun verdirbt sie mich« schrieb Shakespeare in seinem Stück *Richard der Zweite*. Nachdem Sie dieses Buch gelesen haben, können die traurigen Worte des Königs hoffentlich niemals von Ihnen gesagt werden.

Anhang: Wie läuft Ihre innere Uhr?

Beobachten Sie während der nächsten Arbeitswoche, wie im Tagesablauf Ihre körperlichen und geistigen Energien zu- oder abnehmen. Kopieren Sie den auf S. 157 abgebildeten Vordruck, so daß Sie für jeden Tag ein neues Blatt verwenden können.

Auf der negativen Skala (-1 bis -5) tragen Sie ein, wenn Ihre Aufmerksamkeit, Konzentrationsfäigkeit und Energie niedrig ist, auf der positiven Skala (+1 bis +5), wenn Sie konzentriert sind, sich wach und voller Kraft fühlen. Die Null-Linie stellt den Mittelwert dar, bei dem Sie weder besonders kraftvoll noch lethargisch sind.

Ihr Urteil darf ganz subjektiv sein und hängt davon ab, wie Sie sich zu jeder Stunde fühlen. Kreuzen Sie wie in dem Beispiel unten das entsprechende Quadrat an. Die Vordrucke beginnen um 7 Uhr morgens und enden um 22 Uhr; 16 Stunden Arbeitszeit sollten selbst für einen begeisterten Workaholic genug sein.

Sie können selbstverständlich auch gewisse Umstände notieren, z.B. einen dringenden Termin, der das momentane Empfinden beeinflußt und Kraftreserven oder Ängste aktiviert.

Beginnen Sie mit dem Aufwachen, hören Sie mit dem Schlafengehen auf!

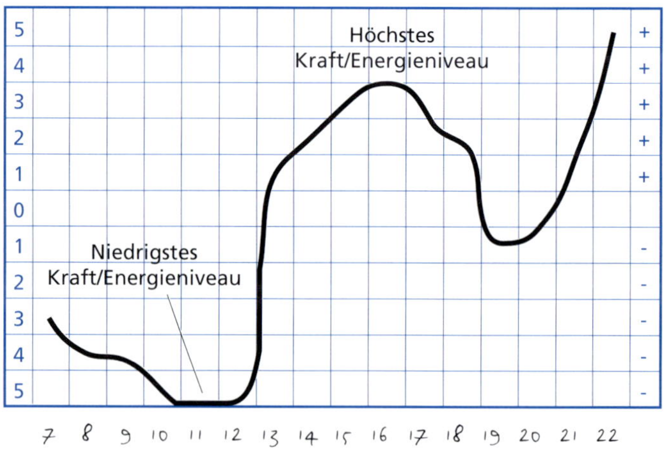

Nach einigen Tagen stellen Sie wahrscheinlich fest, daß Ihre körperlichen und geistigen Kräfte immer zur gleichen Zeit ein besonders hohes oder niedriges Niveau erreichen. Versuchen Sie, zu diesen Tageszeiten entsprechend wichtige oder unwichtige Aufgaben zu erledigen.

Energiekurve am
ERSTEN TAG: .... (tragen Sie den Wochentag ein)
Tragen Sie in das Diagramm vom Aufwachen bis zum Schlafengehen jede Stunde Ihr Energieniveau ein.

UHRZEIT:

5																	+
4																	+
3																	+
2																	+
1																	+
0																	
1																	-
2																	-
3																	-
4																	-
5																	-

Stichwortverzeichnis

Literatur

Dittrich, H.: Zeit besser nutzen, Planegg 1994.

Fontana, D.: Mit dem Streß leben, Bern u.a. 1991.

Graichen, W.U.: Ganzheitliches Zeitmanagement, München, Landsberg/Lech, 1992.

Geoffrey, E.K.: Zeitmanagement für Verkäufer, Landsberg/Lech 1996.

Krüger, G.: Selbst-Management, München 1990.

Lindemann, H.: Autogenes Training, München 1997.

Mackenzie, R.A.: Die Zeitfalle, Heidelberg 1991.

Quast, C.v.: Psycho-Test Zeitmanagement, München 1994.

Seiwert, L.: Das 1 x 1 des Zeitmanagements, München 1986.

Seiwert, L.: Mehr Zeit für das Wesentliche, Landsberg/Lech 1991

Siegert, W.: Zeitmanagement ist Zeitgewinn, Berlin, München 1985.

Wachtl, H.: Gymnastik für zwischendurch, München o.J.